建中為何是第一志願——賀翊新校長與建國中學的故事

莊德仁 著

目次

好評推薦

莊德仁老師著《建中為何是第一志願，賀翊新校長與建國中學的故事》，我是七十三年前建中高中部畢業，高中三年全是受賀校長的教誨。建中和賀校長是無法分開。民國四十年我由高二升高三，當時要分組，A班是文法組，B班以下為理工組，我當時志向是外交，所以選A班，賀校長召見我，諄諄善誘，告訴我，應該選理工組，因為師資教學都比文法組好，我聽了十分感動，因為一般師長不會說B班比A班好很多，你該選B班，作為學生，我當然恭聽校長的指示，所以高三仍讀理工組，以後發現賀校長的訓示，對我升學幫助很大，是我終生感念的。

——錢復，前監察院長、財團法人蔣經國國際學術交流基金會董事長

「以銅為鏡，可以正衣冠；以史為鏡，可以知興替；以人為鏡，可以明得失。」可見，歷史具有鑑往知來的功能，特別是古今中外偉大的教育家，他們在教育上的言行與思想不但是教育人的楷模，而且也可以讓家長與學生經由認識到教育家的奮鬥過程，進而帶給自己和自己的孩子更多的學習意義。

很可惜的，有關教育史或者教育家的故事在現代臺灣走向現實功利的潮流下，這一方面的研究愈來愈冷門，著作與閱讀的大眾也愈來愈稀少。有鑑於此，本書作者在擔任臺北市教育局研究教師期間，本人忝為指導教授，就非常鼓勵作者從事這方面的研究與出版。本書即是作者分析闡述賀翊新校長為臺北市建國中學的奮鬥故事，由於賀校長的卓越領導，引領建中成為全國第一志願，並持續對於學校進行改進變革的作為與師生的回應和影響。故事娓娓道來，深具可讀性與啟發性，故為之推薦。

——張德銳，臺北市立大學、輔仁大學退休教授當德仁老師邀請我為這本書推薦時，心中感到榮幸之至。本書在於闡述賀翊新校長在擔任戰後臺北市建國中學校長期間，如何對於學校進行變革。在強調自由學風與自律精神下，賀校長成功引領學校成為全國第一志願。由於長期探究教育領導，我深知一所學校的卓越與校長領導息息相關，本書更從歷史脈絡闡明建中學校與賀校長的故事，內容更體現優質學校文化之深植對於學校發展的重要性。德仁老師耗費多年心力，出版這本具文化脈絡的學校歷史專書，對於國內教育學術研究來說，極具開創價值，對於各級學校領導者及教育人員更是一本值得閱讀的好書，我誠摯地推薦。

——蔡進雄，國家教育研究院教育制度及政策研究中心研究員、前輔仁大學教育領導與發展研究所所長記得我在建中擔任歷史科代課教師時，我的學生也曾在課堂集體「搞消失」，讓我獨自面對空蕩蕩的教室，還給我取了「歷史小白兔」的綽號。但更令人難忘的是當年那些十六、十七歲的青少年對課本字詞的斟酌與內容的質疑。

在《建中為何是第一志願》裡記述了，這所臺北第一中曾收過女學生，也有亮刀的太保學生，著實令人大開眼界。作者莊博士集三十年高中教職經驗，爬梳檔案史料，訪談重要校友，重現戰後建國中學的轉型歷程。不僅刻畫學校的發展，也展現自由教育理念與教師格局。校友讀之可重溫舊夢，非校友亦能徜徉紅樓傳奇。

——衣若蘭，臺大歷史系教授

推薦序

在威權暗影下追尋自由光譜
——登峰攀頂高中的歷史建制

陳佩英

與德仁老師相識，始於二〇一六年的年尾。猶記那年，我們有幸邀請他加入「愛思客」學習社群，共同探索如何發展真正以學生學習為核心、啟發深度思考與創造力的教育。在社群共學的激盪中，我便深刻感受到德仁老師對於知性探究的濃厚興趣，以及他為鑽研學問投注大量時間與心力的熱忱。作為社群的共同探索者，能多年來近身觀察、並肩共事，見證這樣一位兼具教學熱情與研究深度的夥伴持續深耕，實屬難得。因此，得知他終於將長期對建中校史的關懷與探究匯集成書，細膩爬梳其如何在時代洪流中蛻變轉型的歷程，我由衷為他喝采，也樂於以一位教育同行的身分，為讀者們引介這本力作。

《建中為何是第一志願？賀翊新校長與建國中學的故事》，本書以「第一志願」為核心概念貫穿全書，主要討論賀翊新校長在擔任建中兩任校長期間與全校師生互動的作為。第一任可謂是讓建中從太保學校轉變成「明星高中」的關鍵歷程，由此敘事設計就揭示了一段充滿張力、引人入勝的轉折。今日被視為臺灣高中翹楚、菁英學子嚮往目標的建國中學，其「第一志願」的形象早已深植人心。然而，本書引領我們穿梭時光迴廊，回到歷史現場，撥開層層光環的迷霧，探問：建中是如何從日治時期赫赫有名的「北一中」，歷經戰後初期因收容大量流亡學生、龍蛇雜處而被謔稱為「太保學校」的谷底，最終一步步奠定其不可動搖的頂尖地位？這段從低谷攀向峰頂的歷程，絕非理所當然的線性發展，其中交織著時代的偶然與必然、政策的影響，以及關鍵人物的擘劃與抉擇。第二任則是當建中已成為莘莘學子爭先恐後搶進就讀的「第一志願」時，在社會瀰漫在白色恐怖氛圍與升學主義潮流下，校長該如何帶領全校師生一同重塑「第一志願」的永續價值？建中應如何以學生學習為核心理念持續地與社會對話？

本書的價值，不僅止於對單一學校發展的深入考證，更在於它揭示了戰後臺灣教育體制乃至整體社會變遷的一個重要剖面。德仁老師憑藉其身為建中資深歷史教師的獨特視角，以及歷史學博士的嚴謹訓練，上窮碧落下黃泉，廣泛爬梳檔案史料，並輔以對錢復、白先勇、曾昭旭、焦仁和等多位關鍵校友的口述訪談，立體地重構了那段百廢待興、風雨飄搖的歲月。書中生動地描繪了國民政府遷臺初期，「去日本化」政策的衝擊、省籍隔閡與語言障礙的困境、升學主義的悄然崛起、白色恐怖的肅殺氛圍，以及冷戰結構下教育方針的傾斜（如重理工、重升學）。在這樣一個充滿挑戰與禁錮的年代，教育現場的師生們如何自處？一所學校又如何在壓力下回應社會的期待？

尤其關鍵的是，本書聚焦於傳奇校長賀翊新先生的角色。在那個威權統治密不透風、思想受到嚴密監控的艱困時期，賀校長如何在升學主義與政治壓力下，一方面展現驚人的魄力廣納學生（學生人數一度擴張到六千五百人）、禮賢下士（安置「流浪學者」）；另一方面，卻又能巧妙地在體制的夾縫中，擘劃出一方相對自由的可以恣意探索的學術天地，形塑了「學生至上，課業第一」的核心價值，並奠定了建中「自由校風」的核心實踐？這份在威權暗影下對知識追求與人性尊嚴的微妙堅持與巧妙平衡，不僅是建中得以脫胎換骨的關鍵，更映照出當時臺灣社會在困頓中仍存的一絲韌性與對人才培育的殷切期盼。賀校長如何在「太保橫行」的亂象中穩定校園秩序？又如何在資源匱乏的窘境下提升教學品質？他推動的政策，包括配合大學聯招制度的實施，又是如何精準地抓住了時代的脈動，將建中一舉推上第一志願的寶座，並確立了日後「建中、附中、成功」三強鼎立的排序局面？這些深刻的問題，德仁老師在書中都有細膩的考查與發人深省的分析。

閱讀本書，常讓我想起我們在「愛思客」社群中反覆思索的教育本質課題。我們探討如何設計真正以學生為主體的課程，如何透過探究式學習點燃學生的好奇心與內在動機，如何培養學生的獨立思辨與解決真實世界問題的能力。回望賀翊新校長主政時代的建中，我們彷彿看到了一場在特定時空背景下、充滿拓路勇氣的實踐智慧。賀校長所戮力營造的「自由校風」，其核心精神——鼓勵智性探索、包容當時可及的多元思想、信任學生的能動性（agency）——與我們今日所追求的培養學生自主學習、尊重個體發展的理念，有著跨越時空的深刻呼應。儘管當時的「自由」可能更多是相對於校外的政治高壓而言，且不免受到升學主義的強大框架限制，但那份精神的嚮往與實踐，無疑為建中注入了獨特的、至今仍為人稱道的精神活力。這段歷史提醒我們，即使在最嚴峻、最受限的環境下，教育領導者的視野、智慧與擔當，依然能夠在體制內開創出影響深遠的學校生態。

德仁老師完成這本書，不僅是對一所卓越學校歷史的回饋梳理，更是身為一位孜孜不倦的歷史教育工作者，對臺灣教育發展軌跡的深刻反思。他以其一貫的嚴謹與熱情，將冰冷的史料轉化為有溫度、有故事的敘事，查證詳實，論述清晰，文字平實洗鍊卻引人入勝。德仁不僅清晰地梳理了事件的來龍去脈，更努力探究歷史現象背後的結構性因素與關鍵人物的複雜抉擇。這使得本書不僅是校史研究的佳作，更是一部理解戰後臺灣教育史、社會史的優秀讀物。

對於所有關心臺灣教育發展的師長、家長、研究者、建中校友，以及所有對臺灣近代歷史懷抱興趣的讀者而言，這本書都提供了極其豐富的史實細節與值得再三咀嚼的觀點，讓我們深刻理解一所所謂「明星高中」的誕生與其時代的形塑歷程，絕非僅靠學生的天賦資質或社會的偶然追捧，而是歷史機運、政策導向，以及關鍵人物——尤其是如賀翊新校長般具備遠見、智慧與擔當的領導者——在複雜的時代脈絡下共同作用的結果。這段從「太保學校」到「第一志願」的傳奇歷程及其揭示的教育省思，值得我們深入閱讀與珍視。

謹以此序，向德仁老師的辛勤耕耘與研究成果致敬，並鄭重推薦這本擲地有聲的好書。

陳佩英　國立臺灣師範大學教育政策與行政研究所暨教育學系優聘教授、教育研究與創新中心主任、《當代教育研究季刊》主編。

序

為什麼會寫這本書？仔細思考這問題或許跟我的中學教學經歷有關吧！在近三十年的高中教職生涯，依序在臺北市華江高中、成功高中與建國中學三所學校服務，歷經十多位校長，深深感覺每間學校的校風著實不同，每位校長對於學校的教師或學生都有著或多或少難以言喻的影響。但繁重的教學工作，讓我無暇去探究學校的校風如何形成？校長如何影響教師與學生？這三者如何產生互動，進而形塑學校的校風。

在這漫長的高中教學旅程中，曾經跟上萬名青年學子的心靈相遇，在擺脫沉重的國中會考試煉後，青年學子們正想好好享受高中生活，往往聽到師長勸說「現在還是好好專心用功讀書，到大學才由你玩四年！」不過，現在的教育思潮鼓吹教育鬆綁，培養學生主動積極的終生學習素養，就校規管理日益尊重學生權益的這個部分，學生的確自由多了，但自由並沒有讓他們對於未來更為篤定、充滿自信，反倒是在學習中增加了許多空間需要他們自己做出選擇。在欠缺指引與動力下，「選擇」帶來的反而是茫然、盲動與一堆教師規定的學習任務，讓他們容易對於所謂的自由鬆綁政策反轉為失望；同樣的，家長也猛然發現高中校園裡規矩少了、教官不見了，自由好像太多了，多到容易讓孩子跑出原先為其規劃升學的道路之外。加上數位科技工具普及、課外社團活動蓬勃發展，以及諸多串連學生交誼的平臺活動，家長們發現孩子好像變了。害怕自由宛如洪水猛獸般吞噬孩子升學上進的意志，許多家長寧願放棄就讀公立學校，選擇把子弟們轉入標榜勤教嚴管的私立學園中。此外，當師長身處在禁止打罵教育的校園裡，自由風潮卻喚醒了學生自覺意識，讓他們可以質疑甚至參與學校諸多規定的制定。當管理需改換為治理，無力與放棄常是老師們教學生活的日常情緒，總會懷疑給學生那麼多自由，他們真的學得會自發、互動與共好嗎？

很幸運，當我擔任臺北市教育局研究教師期間，為了要研究建中校史而進行的一連串考察與探問，似乎為心中的疑問找到了一些解答。爬梳資料後所集結的文章如下：二〇二一年八月的〈賀翊新校長與建國高中的轉型（1949-1954）〉，主要闡述賀校長在戰後初期如何轉變建中太保學校的惡名。二〇二二年八月的〈第一志願：從行動網絡理論看建國中學

（1949-1954）的學校改進〉，探究建中如何成為人人爭相就讀的中學第一志願。二〇二三年八月的〈共有生成能動性：賀翊新校長與建國高中（1957-1967）〉，討論賀校長在第二任期如何重新創造第一志願的新時代意義。然而，當我的探問活動告一段落後，過程中訪談建中校友們的感動，催促我將研究內容修改並出版成書。無論是電話或者是實體，這些訪談多是在新冠疫情肆虐期間進行。即使在緊張的社會氣氛下，校友們聽到要訪談賀翊新校長的事蹟都欣然同意。正是他們的熱情與這些令人難忘的故事，督促我一定要把這些感動與感激全寫出來。對我來說，這是件難以想像的事，我也問過很多人同樣的問題：「你記得你的高中老師與校長是誰嗎？哪一個讓你印象深刻呢？」很多朋友會記得教過他們的老師，尤其是導師。甚至很多人僅記得當時學生們為師長所取的綽號，卻忘記了老師的真實姓名。有些人還記得校長的名字，但多半沒有什麼深刻印象。我個人的經驗也是如此，甚至身為教師後，對於許多校長的記憶也多是片段的。因此，我對於建中校友們如此懷念賀翊新校長深感好奇，這也是激勵我持續探究的動力。

本書在創作過程中，獲得許多校友的支持與鼓勵，也讓我思考一個問題「學校究竟是屬於誰的」？當學校制度出現在人類社會中，尤其是發展出公立學校制度後，學校一直是貫徹國家培育人才政策的搖籃，從這角度來看，學校應該是屬於國家的，那麼學校的優劣應該要依據該校對於國家政策落實的程度來做評判。然而，當社會力量逐漸強大，市場也影響著學校辦學的方向，家長們常成為社會潮流的督促者，要求學校教學應朝向市場需求的方向前進，於是就從培養社會需要的人才多寡來評判一所學校的好壞，依從這個角度，學校是家長的，也是社會潮流的產物。然無論是國家或是社會，學校的價值都是由外部決定的，缺少自我決定能動性。

重要的是，學校應是學習的場域。針對促成學習在校園順暢生成的面向，校長、行政人員與教師應是長期的穩定協力合作夥伴，彼此同是課堂教學的規劃、引導、執行與診斷者。從這角度來看，學校應屬師長的。然而，公立中小學的教學內容往往受限於政府政策所規範的範圍，這些範圍還會依照時間切分為若干測驗進度來影響教學，這些測驗成績可能會變成評估教學成效與學校辦學優劣的依據。若校長、行政人員與教師皆依從這些規範且成果豐碩，那學校不能說是單屬校長、行政人員與教師的，那還是與國家、社會共有的結果。若校長、行政人員與教師覺得國家與社會的要求已經侵犯教育的價值，或者國家與社會兩方的要求彼此衝突時，校長、行政人員與教師秉持教學專業，提出更符合學生需要且能引領國家教育政策與社會思潮的新方向，或許做到這樣，學校才能稱得上是校長、行政人員與教師的。而若要實現這個理想，尚須校長、行政人員與教師三方同心協力地打造這個願景。

學校作為教育單位，是為教導學生而存在，學生是教學活動關注的焦點，照理來說學校應該是屬於學生的。然而，學生作為受教者，學校相關事物都是由國家政策、校長、行政人員、教師與家長和社會潮流所決定，學生的責任似乎是升學，通過測驗以進入另一處學習場域。對於中小學校而言，學生僅是名過客，加上心智發育尚未成熟，關於如何學習？學習什麼？甚至為什麼學習？關於上述這些重要的問題，學生作為學習的主體往往都是被決定者。當這些學生長大成人，未來在社會歷練成為各方領導者，當他們回顧過往的學習樣態，真誠地說出學習者的感受時，在感念或批判過往的學校學習活動，也就在那片刻的回憶中，此時學校才有可能屬於學生。若學生在求學期間，師長們不以心智未成熟者督導管理對待，而是引導學生造就自己，期許未來成為擔負著國家與社會責任的棟梁，又願意給學生更多嘗試錯誤與自我反思的學習機會，那麼，學生才有可能認知學校是屬於自己的。甚至在與師長們彼此互動中皆可得到尊重，學生將會感知校園是共有的。

或許是因為身在教育界，我一直覺得要在校園裡推動學校變革是件不容易的事。尤其是公立學校一直承擔著國家與社會的期待與壓力，學校行政與教師教學往往多依循國家政策或社會風潮的要求。學校領導者公開違背政策，甚至敢於改變社會期待進而引領時代潮流，需要相當大的勇氣與智慧。更重要的是，在校園內推動變革需要當中許多教師、學生、家長、社會輿論與國家政策的支持。尤其是在威權統治時代，且發生在已擁有升學光環的第一志願上。更神奇的是，這樣的冒險變革，竟獲得學生與教師的擁戴支持，國家與社會力量也未有明顯干預阻撓，即使在校長退休後，這段歷史仍是許多校友與師長在數十年後津津樂道的回憶。

本書即是分析闡述賀翊新校長擔任戰後臺北市建國中學第五任與第七任校長期間，引領學校成為全國第一志願，並持續對於學校進行改進變革的作為與師生的回應和影響。教育是攸關國家與社會發展的重要範疇，然而關於如何辦好教育這類的著作出版卻顯冷門。賀校長在建中的改革歷史，或許不是空前，更希望不要絕後。希望本書的出版能帶動社會大眾關心教育的風氣，讓學校成為共有的學習場域。

最後想談談我眼中的建中，或者是寫完全書後的一些想法……

在這百年名校中，至今仍有許多不喜歡照本宣科的性格名師。學生們的活潑、調皮、聰明、優秀、狂傲或者迷失常常上演。儘管這本書描寫的是距今半世紀以前的校園歷史，但書中描繪的諸多景象，時時在我眼前浮現，往往讓我覺得並無今古不同，甚至有時懷疑是否進入了時空重疊的世界。

執教於建中歷史學科，有幸也能擔任這些優秀學生的導師。我看著這些學生青澀地成為第一志願新鮮人，三年後金榜題名又再開啟另一段精彩學習人生，或許心中總有些貪心與不甘願，總想著這麼優秀的孩子應該還可以過得更有自信點、幸福點、驕傲點、快樂點、從容點……。就是這些想要更多的點點滴滴與種種期盼，索性乾脆寫成文字一股腦兒地告訴學生吧！

歷史學科的訓練告訴我，「最好的歷史學：就是能幫助我們理解當下的歷史學。」[1]當前實施十二年國教的課程綱要標榜著「以學習者為中心」，揭櫫培養學生自發、互動、共好的素養。但這些理念為何與如何落實於校園中呢？這些外國教育思潮真能移植在我們的土壤裡生根茁壯嗎？當前的高中學生在重重法令鬆綁後，已獲得過去難以想像的自由，還需要甚或是有必要再「以學習者為中心」嗎？這樣的校園會不會淪為放縱失序的遊戲場？學生真的有可能自發、互動、共好的學習嗎？我想這些問題曾經深深困惑那些關心教育的學校行政人員、教師與家長們，甚至是那些站在講堂上振聲高呼的教改推動者。透過爬梳檔案與回憶錄史料，帶領讀者重訪賀翊新校長時代的建中。這段歷史已清楚告訴我們，這的確不是單憑一人的力量所能成就的，這奇妙的過程真的難以精確計算與線性預測。如同量子力學告訴我們，原子的能量是不連續的，但原子中的電子在改變能階時所釋放出的電磁波卻可以產生影響。就如同本書描述的建中校長、行政人員、教師與學生們，這些諸多能動者持續地發揮他們的影響力。或許在強調尊重、相信、自由與自律的校園裡，總會結出品質優良的善果吧！是的！這是我的相信！也是內心最深切的盼望！

注釋

1　裴宜理，〈序言一〉，收入裴宜理、陳紅民主編，《什麼是最好的歷史學》（浙江：浙江大學出版社，2015），頁1。

第一章

討論戰後初期中學校史之必要

一、為何要認識與書寫校史

「學校」是來自於近代西方傳入的概念，因此研究臺灣學校發展史多將研究範圍限縮在從日治時期開始一直到戰後的現代。學者認為二十一世紀臺灣研究校史至少有兩則「宏觀」的學術意義：首先因為「『學校』是近代以來國家與民眾正面相遇、對決的場域，對理解臺灣社會有極重要意義。另一方面，學校作為近代以來重要的國家教育機關，一個多世紀後，已面臨轉變期，未來社會未必會繼續以學校教育的方式學習。學校的歷史研究，未來會更顯重要，希望它能得到更多重視。」[1]上述第一個觀點就時間上是從「鑑往」出發，並從學校作為國家教育機構的視角觀察其與人民互動的歷程。第二觀點偏向於「知來」，學校作為人類教育史的一種發明，隨著數位科技與網路發達和教育制度的多元鬆綁趨勢，透過學校教育的歷史研究，將可幫助人類發現更適合的未來學習樣態。

校史研究近年來已是臺灣教育史範疇中的重鎮，無論是大學高教或中小學都產出了許多作品。[2]這些研究較少從個別作品為何書寫的「微觀」角度入手，從學校制度的引進來研究學校歷史發展的重點，[3]或多以大眾史的視角，從現代一般民眾的關心出發，更關注於廣大中小學生的生活樣態，試圖以「軟化」的學術性筆調，展現一種對過往學生時期青春歲月的懷舊情懷，與還原學生生活情境的閱讀樂趣。[4]然而，在學術上，校史的具體研究對象，往往非普遍性個案，而是具備特殊學術價值者，如探究建校達百年的學校，在不同政權與社會結構發展中如何因應變革。[5]有些作品則是從學校體制的特殊性與畢業校友的非凡成就來論述校史研究的必要性，[6]其切入點在於學術探究價值與學校教育之社會影響力，關心學校教育與學校外部的連結，力圖彰顯學校教育的正向社會價值。

隨著國內教育改革的趨勢愈來愈以學生為主體，如何透過校史研究幫助學生學習，也逐漸成為學者論述校史的焦點。尤其是將校史融入學校本位課程的規劃，希望學校教育能擺脫中央管控、「由上而下」的一元化灌輸模式，能以學校為主體中心，設計出更貼近個別學校與學生需要的特色課程，[7]進而達到形塑學校教育理想，以及因應各地學生學習的需求，並賦予學校發展自身特色的機會，以延伸「部定課程」的學習效能。[8]也有學者借鏡日本名古屋大學，提出校史課程之「自校史教育」是可以從內心激發學生自我認同與學習意願的最佳課程，主張校史教育要使學生從理解學校歷史出發，進而確立自己為何要在這所學校努力向學的信念。「惟有透過學生本人認識自己所處之位置，才能使其了解自己在社會上應該扮演的角色。」從歷史教育的角度來論述，校史教育能夠讓「學生認清其角色，進而激發其學習意願。」[9]

校史是研究「過去」學校的歷史。之所以要從「現在」關心過去，應是「認識過去」將有助於「理解現在」。學者將這種連結過去與現在的歷史意識（Historical Consciousness）依目的分為傳統式（traditional）、例證式（exemplary）、演化式（genetic），以及批判式（critical）等四類。[10]以下以歷史意識的角度來論述本書撰寫的重要性。首先，傳統式的歷史意識認為，時間是種由過去不斷延續到現在的狀態，故視後人不斷模仿前人應屬自然，此視角的特色為關注事物的起源。臺北市立建國高級中學被公認為「第一志願」，實從賀翊新校長的任期開始，本書將會討論建中如何成為中學「第一志願」的因由。第二，例證式的歷史意識強調，某些作為不因時間流逝而改變其價值，過去的歷史正可為現在的學習借鏡。建國中學素以自由校風著稱，而形塑建中自由校風的為何與如何，賀校長治理的時期是探究的關鍵。第三，演化式的歷史意識相信「其來有自」。不同於傳統式的重視起源，演化式強調事物在歷史不同時期的變化與延續。賀校長分別擔任戰後建國中學的第五任與第七任校長，他在兩階段的治校領導風格在因應不同情境下有何不同？為何不同？正是探究演化式歷史意識的極佳標的。第四，批判式的歷史意識往往帶著質疑與挑戰，企圖展現新舊事物間斷裂式的關聯性。賀校長推動並落實建中自由校風期間，恰逢白色恐怖統治與升學主義浪潮狂暴肆虐的階段，在強調威權的時代氣氛下，為何與如何在校園內倡導自由？賀校長作為升學「第一志願」建中的掌舵手，曾公開批判升學主義那些弊端？對於升學主義做了哪些轉化？又如何讓這些在「第一志願」場域中學習的學生們找到「第一志願」的新價值？此為批判威權管理與升學主義，並支持教育應適性揚才的多元價值者、認同者應該關注的歷史。

二、如何書寫校史

當前國內書寫校史的取徑約可分為兩種：前者重視制度組織的變更，尤其以校地擴充與校舍增建作為論述的主軸；後者則強調辦學的精神與特色，多以特定人物為核心，並以人物的訪談形式來論述。而結合兩種論述角度的作品，往往是前後分別撰寫，容易呈現出分別立論、欠缺關聯的缺憾。[11]更重要的是，這兩種校史書寫的共同點是往往以校長作為校史撰述的主角，書寫校史的主軸多著眼於校長的政績與學校改進之間的連結。

上述兩點之所以會作為校史論述的焦點，主要是社會普遍相信更多的優質學校將會創造強大的國家競爭力，[12]在這信念下，自二十世紀末「學校改進」的學術議題，儼然成為探究教育改革和發展的主旋律，迄今達三十年之久。[13]「學校改進」所關注的是，一所或多所學校當中的學習和相關內部條件種種系統性且持續性的努力，最終達到更有效實現教育目標的歷程。[14]然而，現實層面卻多是研究當代個案，或著重在教育政策對於推動學校改進的影響。[15]非從校舍硬體建築增建的討論切入，而以校史角度探究學校內部系統的改進歷程，仍是有待開發的領域。

校史論述的發展，學校改進的整體表現長期以來多集中於探討校長任內的政績作為。[16]之所以會出現這種書寫現象，往往是因為校長擁有法職權，在校務推動上具有極大的影響力。除此之外，有學者認為，傳統國史書寫試圖將過去轉化為一種集體記憶，需要有一種持續性的意識，而君主統治恰可凸顯這種持續性，[17]所以在論述過往的皇權歷史時，多以君主年號作為時序標準。同樣的，校史的論述也會以學校最有權力者——校長之治校時期作為分期論述的焦點。但這種角度容易忽略教師與學生，而他們才是與學校最親近、利害關係最大、應擁有發言權，且往往不隨校長任期而移動的。若想透過歷史書寫來還原校園內部系統的真實樣態，就應該要跳脫掌控權力的框架，界定變革能動者為：「自身對改革行動本身以及改革過程具有高度意識的人」，[18]從參與行動與擁有改革意識的角度，將可擴大並改革能動者（change agent）的角色，也可發現校園內部實際運作的互動面貌和更多充滿感動的風景。

人類社會在二十一世紀接連面對戰爭、新冠疫情、氣候暖化等跨國性的挑戰，因應不確定性已是當前全球教育改革的共同方向，面對複雜多變的外部環境，使得學校教育面臨諸多挑戰，必須因應社會需求與時代潮流而與時俱進。[19]於是，教育已不再只是教學生既有知識，更重要的是要教他們發展出一個可靠的指南和導航工具，讓他們在日益複雜、變化和不確定的世界裡據此找到自己的路。[20]教育不可僅將學生視作知識的接收者，他們其實是具有能動性（agency）的學習主體。「學生能動性不是人格特質，它是可鍛鍊、可學習的」，要培養學生的能動性，實應增強學生對於學校的認同感和歸屬感。[21]這也是上述日本名古屋大學倡導「自校史」教學的主要設計用意，藉由校史教育使學校成為能提供具安全感與認同感的學習環境，幫助學生更能發揮其能動性。

因此，在探究校史發展時，以能動者的視角來擴大討論學校改革，可將學校環境視為地理空間的「舞臺」，生態環境是「搭景」，學校建築是「陳設」，每日進出於學校的校長、教師、學生與家長都是其中的「演員」。[22]如此，學校場域則為所有成員所共有。在這學習場域中，校長、行政人員、教師與學生皆是主要能動者。[23]如此將可翻轉傳統以校長為主要改革能動者的單一視角，進而彰顯且創造出教師與學生作為能動者之可能性。教師作為校園中傳道與解惑者，不應僅將其視為一個服從校長命令或是教科書的傳聲筒，教師們在課室經營、教學策略與傳述方法上其實擁有高度的主體性。學生則容易被視作具備受教權益之學校改進的受益者，然而學生作為一主體，對於師長的教誨往往有其選擇，不會照單全收，學生的個別表現也會影響身旁其他同學，甚至會與師長協力共創學校風氣。是故，一部好的校史，應該要呈現出學校諸多能動者相互激盪與互動的歷程；校長作為學校法職權的代表，擔負著敦促學校改進無法逃避的責任，而全體師生也同為學校改進，甚至是締造校史與校風的共創能動者。如何生動描繪校長帶動學校諸多能動者共同促成學校改進的歷程，應是校史書寫的理想願景。

要達到此理想，首先在校史內容撰寫上要能扣緊校長、教師與學生三者彼此的互動關係。其次，亦不可輕忽時代和社會脈絡的探究與辨析。再者，為要凸顯歷史人物的學校改進行動，尤須善用與解讀得以彰顯三者意向甚至心態的史料。本書主要探討賀翊新校長在第五任（1949-1954）與第七任（1957-1967）期間，建中校史的發展內涵與時代意義。然而，這段歷史迄今已近一甲子，相關的行政檔案文件多已亡佚。因此，闡述的焦點多著重於教師或學生的相關回憶紀錄當中賀校長本人的作為與師生的互動。然而，個人的記憶除了受到生理與心理的限制外，也常常受到社會環境的影響，尤其是長期累積而成社會的集體記憶更往往真假莫辨，故記憶是對往事的一種重演與回顧，而歷史必須從時代與社會脈絡中解釋往事，進而生成歷史意識。[24]尤其是針對同一爭議事件的不同立場回憶，更需藉由論證來加以釐清辨析，故校史書寫不僅是情感的懷舊，亦是理性的推理論證。

日治時期一直是當前臺灣教育史，甚至是學校史研究關心的焦點，無論在質與量都有穩定且亮眼的成果。[25]反之，以戰後初期作為研究範圍則仍有待耕耘。當時正處於威權統治下的白色恐怖時期，校長任用主要是採官派而非遴選，甚至容易出現萬年校長的問題。[26]再加上此時期升學主義盛行，更讓社會大眾對戰後初期教育發展與學校生活增添充滿壓抑、停滯與封閉的想像，甚至在流行影視文化中，對此時期學校治理也多呈現威權管理的刻板印象。

轉型正義是當前學術與政治的重要議題，本書試圖解開這些既定的刻板觀點，藉由檔案史料與回憶錄的交織運用，還原戰後初期這些不容易被看見，也不被重視的校園風景，其實是自由、互動且活潑的。

三、核心關懷

在扣除結論之外，本書分為五章。第一章先回顧當前研究校史的不同路徑，再論述探究校史的重要，並點出研究賀翊新校長的必要性。賀校長是迄今任期最長的建中校長，在建中紀念百年校慶刊物提到「重大事件多發生在此時期，此後校務發展歷史更有清楚的輪廓」，[27]退休老師在回憶錄中直言「賀校長是奠基者」。[28]兩者都共同指出建中之所以成為建中，賀校長具有重要的指標性意義。而指標性意義的具體呈現是打造第一志願、形塑自由校風與發揚強調自律的「建中精神」。因此，選擇這段時間作為闡述百年建中校史的核心焦點，乃是要凸顯賀校長治校時期的歷史意義。

本書第二章主要論述建中成為「第一志願」的歷史淵源。日治時期，建中是以招收日本人為主的臺北州立第一中學校。然而，這個「臺北一中」的稱號並非與生俱來，而是歷經種種的演變。戰後初期亦歷經多重挑戰，在各方勢力的權力角力後，方有現在的「建國」校名。第三章則論述戰後國共內戰與政府遷臺下的歷史發展。當校名改換為「建國」之際，「一中」的光環不再後，建中在歷史流轉的際遇下曾一度成為所謂的「太保學校」。當時教育制度的設計，甚至讓臺北主要幾所省立中學皆是「一中」。第四章時序是賀校長的第一任期，他是如何與全校師生共同努力，讓建中逐漸往「第一志願」的理想邁進。尤其在賀校長第一任期的尾聲，探究分析建中如何重返榮耀，成為人人稱羨、爭先恐後想要就讀的「第一志願」。當時，影響此時期教育發展的「主旋律」是國家整體政策，而廣大社會大眾希望升學的心態，則是與教育政策相互競爭的「和聲轉調」。就在兩者相互競逐、不相上下的同時，一則「主題變奏」忽地悄然降臨，建中在偶然機運下成為「第一志願」。第五章則是論述成為「第一志願」的建中如何繼續與再創「第一志願」的光榮。時間斷限為賀校長的第二任期，當時正處威權統治的白色恐怖期間，在政策、環境與社會風氣等結構限制下，校長、教師與學生們在邁向形塑自由校風的理想道路上，共同創造出臺灣教育史上的新可能，並藉由解構與再建構重新闡釋「第一志願」的新意義。

本書橫跨的時間從日治時期一直到一九七〇年代，除了以學校歷史為主體外，更闡述近現代臺灣教育史、政治史和社會史的連動發展。建中校友們應會好奇：在校友與師長的回憶中，賀翊新校長的歷史形象是什麼？賀校長又是如何創造和發揚建國中學的傳統？他所締造的自由校風與建中精神如何深刻地影響師生的教與學？學生家長們也可以透過本書，看見賀校長如何提升學校的教育品質，而這些改革如何讓建中成為首屈一指的學校？賀校長又有哪些教育理念與作為，讓眾多學生在畢業後仍持續懷念自己的中學時光，並長期影響其未來的人生發展？教育工作者或關心教育發展人士也能在本書中看見賀翊新校長的教育理念。他如何在推動學校改進的運作中融入這些理念？賀校長所實施的教育改革又如何影響教師教學與學生學習效果？對於政策制定者與教育改革者，本書也詳細說明了賀校長在改革實施過程中遇到的種種挑戰？他在不同時空環境，如何適切地調整治校策略並發揮學校改進的影響力？也可試問：賀翊新校長所推動的改革策略，是否能為當前的教育問題激勵出新的洞見？

對於動態歷史發展有興趣的讀者，本書試圖解答建國中學歷經不同校名的歷史背景各是什麼？在建國中學的改革中，賀翊新校長在不同的階段各自扮演了什麼角色？賀翊新校長的改革又如何影響學校的歷史發展？此外，賀翊新校長在治校期間，聰明又調皮的建中生在校園創造出什麼樣引人入勝的有趣故事？在他的領導下，建中師生在諸多因素的激盪下，如何從一所普通學校轉變為第一志願？在戰後初期的建中校史中，可以發現哪些不同於威權統治管理的校園活潑面貌？這些問題與答案，都是本書書寫時念茲在茲的深切盼望。

注釋

1 許佩賢，〈臺灣教育史研究的回顧與與展望（2011-2013年）〉，《師大臺灣史學報》，第7期，2014年12月，頁128。

2 許佩賢，〈臺灣教育史研究的回顧與與展望（2011-2013年）〉，頁121-128。

3 許佩賢，《太陽旗下的魔法學校》（新北市：東村，2012），頁14。

4 鄭麗玲，《躍動的青春：日治臺灣的學生生活》（臺北市：蔚藍文化，2015），頁39-43。

5 張雅雯，《臺中縣霧峰小學校史研究（1898-2003）》（新竹市：國立新竹師範學院教育研究所論文集，2005），頁221-228。

6 蔡錦堂，〈「臺北高等學校」校史研究與教學〉，《國民教育》53：2，2012年12月，頁29。

7 張雅雯，《臺中縣霧峰小學校史研究（1898-2003）》，頁213-214。

8 蔡清田、邱家偉，〈核心素養與學校本位課程發展：以嘉義大學附設實驗小學為例〉，《教育研究月刊》，298期，2019年2月，頁21。

9 何義麟，〈校史研究與教學的重要性——以北師校史之運用情況為例〉，《國民教育》53：2，2012年12月，頁24-25。

10 Rüsen, Jörn. “El desarrollo de la competencia narrativa en el aprendizaje histórico.Una hipótesis ontogenética relativa a la conciencia moral”. *Propuesta Educativa* No.7 (1992): 35-.

11 張雅雯，《臺中縣霧峰小學校史研究（1898-2003）》，頁216。

12 Cuban, L. (2003). *Why Is It So Hard to Get Good Schools?* New York: Teachers College Press, p.18.

13 Harris, A. (1998). *School Improvement What's in it for schools?* London: Routledge Falmer, p.1.

14 Miles, M., Elkholm, M. and Vandenberghe, R. (eds) (1987). *Lasting School Improvement: Exploring the Process of Institutionalisation*. Leuven, Belgium: ACCO., p.3.

15 Tyack, D.& Cuban, L. (1995). *Tinkering Toward Utopia*, Cambridge, MA: Harvard University Press.

16 吳家瑩，《校長如何實踐其治校理念：蔡元培的經驗》（臺北市：學富出版社，2008）。張福春，《東山弦歌半世紀：新竹中學（1922-1975）》（新竹：新竹市文化局，2020）。Datnow, A., Hubbard, L., &Mehan, H. (2002). Fullan, M. (1993). *Change forces: Probing the depth of educational reform*. London: Falmer Press. Fullan, M. (2014). *The principal: Maximizing impact*. San Francisco, CA: Jossey-

Bass. Leithwood, K., Day, C., Sammons, P., Harris, A., & Hopkins, D. (2006). *Seven strong claims about successful school leadership.* Nottingham, UK: National College of School Leadership.

17 Gibert, pierre. (1979). *La Bible à la naissance de l'histoire: Au temps de Saïl, David et Salomon.* Paris: Fayard, p.391.

18 Fullan, M. (1993). *Change Forces: Probing the Depths of Educational Reform.* London: Falmer Press, p.4.

19 教育部，《十二年國民基本教育課程綱要總綱》（臺北市：教育部，2014），頁 1。

20 OECD. (2019). *OECD FUTURE OF EDUCATION AND SKILLS 2030: OECD LEARNING COMPASS 2030*, p.1. https://www.oecd.org/education/2030-project/teaching-and-learning/learning/learning-compass-.

21 OECD. (2019). *OECD FUTURE OF EDUCATION AND SKILLS 2030: OECD LEARNING COMPASS 2030*, p.35.

22 王健文，〈校史敘事觀點的再思考〉，《新史學》，14(3)，2003 年，頁 147-172。

23 Hall, G. E., & Hord, S. M. (2011). *Implementing change: Patterns, principles, and potholes* (3rd ed.). Boston, MA: Pearson.

24 汪榮祖，〈記憶與歷史：葉赫那拉氏個案論述〉，《中央研究院近代史研究所集刊》，第 64 期，（2009 年 6 月），頁 1。

25 從以下的研究回顧，都顯示研究日治時期教育一直是臺灣教育史的重鎮。見：吳文星，〈近十年來關於日治時期臺灣教育史研究之動向（1991-2000）〉，《臺灣師大歷史學報》，第 29 期，2001

年，頁222。謝國興、謝明如，〈2010年臺灣史研究的回顧與展望〉，《臺灣史研究》，第19卷第2期，2012年6月，頁224。許佩賢，〈臺灣教育史研究的回顧與與展望（2011-2013年）〉，頁14。許佩賢，〈臺灣教育史研究的回顧與與展望（2014-2017年）〉，發表於「2016-2017臺灣史研究的回顧與展望」學術研討會，（臺北：國立政治大學，2018年12月6-7日）。許佩賢，〈臺灣教育史研究的回顧與展望（2018-2019年）〉，發表於「2018-2019臺灣史研究的回顧與展望學術研討會」，中研院臺史所，2020年12月10-11日。蔡秀美，〈臺灣史研究的回顧與展望（2020-2021年）〉，《臺灣史研究》，第30卷第2期，2023年6月，頁192。

26 許籐繼，〈權力弔詭——國中小學校長遴用制度實施的權力問題與展望〉，《臺灣教育評論月刊》，2020年，9(4)，頁13。

27 臺北市立建國高級中學，《建中世紀》（臺北市：臺北市立建國高級中學自印發行，1997），頁37。

28 盧毅君，《浪跡江湖一甲子》（臺北市：秀威出版社，2007），頁361。

第二章

從第一中學到建國中學

臺北市立建國高級中學（以下簡稱建中）號稱百年名校。現今的社會大眾普遍認為，建國中學素有全臺高中「第一志願」之美名，此名與日治時期曾為臺北州立一中有關。然而，建中以「建國」為名，乃遲至二戰結束後方確定下來的。但既然校名已是「一中」，為何又改稱「建國」？要認識這段歷史須從日治時期細細說起。校友史明（本名施朝暉）在回憶錄中曾為母校日治時期的校名演變提供了簡要的描述：

北一中是在一八九九年以「臺灣總督府國語學校第四附屬學校」的名稱創立的，當時它主要是招收來自日本本國的日本人，並傳授他們「土語」，也就是臺灣的福佬話，學習三年以後，才分發到臺灣的公私立機關做行政人員。後來，總督府為了加強在臺日本人子弟的中等教育，臺灣總督府第四任民政長官後藤新平（一八九八—一九〇六在職），特別傾注總督府的財力與人力，自一九〇七年開始，在原址設立了師資與設備俱全、近代式紅磚大樓的「臺灣總督府中學校」。等到一九二二年總督府修改「臺灣學制」以後，才再將該校改稱為「臺北州立臺北第一中學校」。[1]

史明回憶，自己一九三二年從建成小學校畢業後，隨即考進「北一中」。他記得當時在臺日本人有二十五萬人，共有一千多名日籍學生報考「北一中」，最後錄取二百多人，他們多是日本籍官員或日本大企業家等的子弟；臺籍的應考生則超過百人，僅有九人考上。史明提到的「北一中」即是現在建中的前身，而文中提到的「臺灣總督府國語學校第四附屬學校」是日治初期專為教育日籍小學生的初等學校，為何小學會演變成中學？

一、「第四」如何躍昇成「第一」

臺灣引進現代民族國家體制下的國民教育制度，可追溯至清末外國傳教士設置的西式學校，因其為民間教會主導，並非國家教育機構，一般不將此視作現代教育的濫觴。此時主持新政的清朝官員雖也設置西式學堂，但因時間尚短，加上辦學目的是培育洋務人才，非屬國民教育範疇，故臺灣現代教育制度建置的淵源始於日本統治時期。

日本政府依據馬關條約統領臺灣後，陸續將國內於一八八〇年代所形成的現代教育制度引進殖民地臺灣。臺灣總督府第一任學務部長伊澤修二（いさわしゅうじ）意識到，盡速讓臺灣人學習日語將有助於有效治理臺灣，希望能透過教育臺人習得日語，以加速日本化的完成。他從一八九五年七月起租用臺北芝山岩的廟地作為講授國語（日語）的場所，募集十餘名臺籍鄉紳子弟為第一批學生。經過三個月的教學實驗，部分臺籍學生已經可以使用日語作為日常會話語言，受到上述成果的鼓勵，他決定擴大實施。

一八九六年三月公布《臺灣總督府直轄諸學校官制》。為要培養日後國語（即日語）教育的教師資源而設置了「國語學校」，分為甲、乙、丙三種，甲種培育未來教師，乙種培育翻譯與官吏，丙種為附屬學校。臺灣總督府將國語學校設置在臺北城內，並分別在芝山岩、艋舺學海書院與大稻埕另設三所附屬學校，附屬學校以招收臺籍子弟為主，即後來的公學校；其設置的目的在於方便臺灣籍傳授國語的師資生實習教學之用。

另外，總督府於一八九六年五月以府令第4號發布全臺共設置十四處國語傳習所，以速成培養通曉國語的行政人員，其設立目的在於傳習國語以方便臺籍人士日常生活之用。學生分為兩科，甲科招收十五歲至三十歲學生，乙科則招收八歲至十五歲學生。由此可知，日治初期設置的國語傳習所與國語學校，皆是方便臺人學習日語的教育機關，國語傳習所是以教授臺人盡速習得日語的學校，國語學校主要在於訓練講習員以充任國語傳習所師資，[2]其附屬學校亦肩負教學日語功能。

總督府日後也隨著政治與社會的需要，調整國語學校的設置。因應在臺日本人口的增加，需要解決隨之而來日人家眷在臺就學的教育問題，遂於一八九七年（明治三十年）創立國語學校第四附屬學校，主要招收日裔的小學生。[3]一八九八年（明治三十一年）為安置在臺日籍中學生就學，增設五年制的「國語學校第四附屬學校增設尋常中學科」，此為臺灣中等學校之先聲。[4]校名之所以稱作「第四」，乃是為區隔上述三所早已在一八九六年成立、招收臺灣裔學生的國語學校，此正是建中校史的源頭。[5]

《臺灣總督府報》是臺灣總督府官方發行的政府公報，載明總督府公布的律令與政策。根據《臺灣總督府報》第百七號，「國語學校第四附屬學校」創立於一八九七年（明治三十年）。[6]故史明回憶錄中提到「北一中是在一八九九年以『臺灣總督府國語學校第四附屬學校』的名稱創立的」，時間應為誤記。

一八九八年七月二十八日配合日本本土改制頒布《臺灣公學校令》，擬將教育臺籍子弟的國語傳習所和國語學校附屬學校均陸續改制為公學校。同時又公布《臺灣總督府小學校官制》及《小學校令》，確立臺灣人就讀公學校，而日本人就讀的小學校的初等教育制度。臺灣總督府遂廢止第一附屬學校及第三附屬學校以改設公學校，另將第二附屬學校改稱第一附屬學校，第四附屬學校改稱為第二附屬學校。總督府又於一九〇二年（明治三十五年）廢止第二附屬學校，改設為臺灣總督府國語學校中學部。隨著小學畢業人數增加，考量國語學校中學部生額暴增，遂擬將中學部獨立設校，一九〇七年（明治四十年）成立臺灣總督府中學校，並於隔年將校地遷至今臺北市南海路五十六號現址，隨即興建哥德式拜占庭風格的紅磚建築，此為建中著名建築物——紅樓。

公學校的經費來源和傳習所不同，一開始傳習所的費用全由國庫支出，後為求能普及廣設，要求由地方民眾自行出資方得以申請設置；公學校的經費來源明定由地方街庄負擔相關教學經費。日治初期總督府設置臺灣人就讀的公學校，此初等教育的目的是為教導習得國語，未有設置讓臺人子弟可以繼續升學的教育機關，臺籍仕紳試圖努力改革此困境。一九一〇年代，霧峰林家林烈堂、林獻堂等中部為主的士紳階級向總督府要求設置准許臺灣人就讀的中學校，在臺灣人願意自行出資的前提下，加上總督府急需臺籍人士出錢資助理蕃計畫的龐大開支，遂於一九一五年准允成立臺中中學校，唯臺籍學生在此中學校修業期限僅有四年，相較日籍學生就讀中學校的時間少一年，且日本中學校必修的法律與經濟學等課程，則改為選修，教授教材與內容都低於日本人就讀之中學校。[7]顯見日治時期臺日籍住民在教育上的差別待遇。

第一次大戰結束後民族自決風潮盛行，日本政府亦受民主潮流影響，進入「大正民主」時期。一九一九年（大正八年）發布《臺灣教育令》，規定臺灣人可以就讀六年制公學校與四年制高等普通學校。後朝鮮爆發「三一獨立運動」，日本政府為緩和殖民地的反抗氣氛，加速實施以同化為內涵的「內地延長主義」。臺灣總督府於一九二二年（大正十一年）頒布《新臺灣教育令》提出「內臺共學」方案，希望能取消臺灣人與日本人在教育上的差別待遇。在初等教育階段，修改了原先規定臺灣人就讀公學校，日本人就讀小學校的規定，改為不常用日語者就讀公學校，與常用日語者就讀小學校。

在中等教育階段則採取臺灣人與日本人同校共學的制度，不分臺籍日籍，規定中學校的修業年限一律為五年，並於各地設立多所中學。同年，四月一日開設「臺北州立臺北第二中學校」（即今臺北市立成功高級中學），而臺北州最早成立的中等學校遂改名為「臺北州立臺北第一中學校」，此即建中在日治時期成為臺北一中的緣由。此時中學校雖說是臺灣人和日本人可以一起就學，不過仍可分成以日本人為主和以臺灣人為主的學校。以日本人為主的學校排名都在前面，如臺北一中與臺南一中，而臺北二中和臺南二中則是以臺灣人為主的學校，卻仍為日籍學生保留不少名額，導致臺籍學生想要繼續升學者需要跟大批日籍學生競爭，能出頭者猶如鳳毛麟角。[8]

綜上所述，若從學校名稱的排名差異，日治時期的第一、第四、一中、二中之分，似乎僅是因為學校成立的時序前後所致，並未隱含價值判斷上的區分意義。親歷日治時期殖民教育的杜武志，則根據當時的歷史脈絡提出了不一樣的觀點。他認為建中之所以在日治時期從「國語學校第四附屬學校增設尋常中學科」改名為「臺北州立臺北第一中學校」，實為統治者民族歧視心態下處心積慮的操弄結果。由於日治時期改名的學校眾多，或從其他改名的案例分析，更可發現改名背後統治者所懷抱的心態。他舉臺北市立中山女子高級中學於日治時期的歷史發展為例，其原為成立於一八九七年的「臺灣總督府國語學校第一附屬學校女子分教場」，一九〇二年（明治三十五年）改制為「臺灣總督府國語學校第二附屬學校」，一九二二年（大正十一年）改制為「臺北州立臺北第三高等女學校」，簡稱「第三高女」。相較於以招收日籍女學生為主的中學校，這一所以臺籍女學生為主的學校，其成立時間早七年之久。校名之所以從「第一」，改為「第二」又改為「第三」，主要是因統治者重視序列等第的價值意義與民族歧視心態，在壓迫下，將「第一」與「第二」的稱號「禮讓」給以招收日籍女學生為主但成立時間較晚的女學校。所以，理解「國語學校第四附屬學校增設尋常中學科」改名為「臺北州立臺北第一中學校」的歷程，應回歸當時以日本人為主、以日籍生就讀為主的學校排名為優先之歷史脈絡，從統治者抱持著差別待遇的心態來思考，方可理解其如何用心良苦地透過種種理由與名目，將原本排名較前的三所學校加以取消或改制處理的原由。[9]

二、差別待遇下「第一志願」的激烈競爭

日治初期，於一八九六年設置的國語傳習所為了要吸引臺灣民眾就讀，曾讓畢業生享有到公家機關服務的機會，其月薪足以負擔一般家庭一個月的生活開支。或許在優渥條件的引誘下，各地紛紛提出設校要求。總督府在地方的支持下，一方面開始規劃穩定長久的教育制

度，此即日後的公學校制度；另一方面，也要求地方仕紳民眾捐款，或從地方廟宇與市場等機構收入中，轉作負擔教師薪水之外的教育經費開支。在政府與社會相互合作的新制度下，新式教育逐漸為臺灣人所接受，臺灣人也因參與新式學校的運作，日益關心學校的發展。[10]

總督府於二十世紀初透過舊慣調查，覺察臺灣民眾懷抱「萬般皆下品，唯有讀書高」的傳統「尊士」心態。為了要攏絡鄉紳階級，刻意廣為開設近代學校教育，藉由教育鄉紳階層子弟以穩定統治。[11]一九一〇年代的臺灣民眾透過不同管道，主動向統治者表達希望子弟能夠接受教育的熱切想望，表示願意透過捐款、捐地以達到擴增校舍的目的。[12]故自一九二〇年代開始，總督府在臺灣大量興設中等以上的學校。自一九二二年後，官方又在臺灣島設立了九所男子中學校，一九三七年設立臺北第三中學校，一九四一年設立臺北第四中學校。根據一九三四年的統計資料，當時中等學校男、女學生人數已達一萬五千多名之多。[13]一九三〇年代後期，幾乎每一州都有設置一所以上的中等學校。

但儘管各州皆設立中等學校，但臺人就讀一中的比例卻是鳳毛麟角。日治時期的臺北州立一中原規劃專收日籍生，待一九二二年實施日臺共學後，方招收臺生，當年臺籍新生僅有四人。[14]自一九三六年到一九四一年五月間，每一屆約招收二百名學生，臺籍新生只有六人，[15]僅約占百分之三。

一九二〇年代至一九四〇年代，臺灣民眾的生活逐漸改善，較有餘力投資在子女的教育上。且自一九二〇年代起，大城市或區域市鎮的小學入學情況已相當普及，小學畢業後有意繼續升學的意願也隨之增加。[16]但中學採取小額招生以維持教學品質的政策，更增添了就讀中學的升學競爭風氣。以一九四一年創設的臺北第四中學校為例，當年錄取一百五十餘人，卻有一千五百多人報考，錄取率約百分之十。一九四二年設立的彰化中學校，報考者多達二千一百九十九名，最後僅錄取約百名，錄取率僅百分之四．五，難怪當時中學升學素有「窄門」之稱。[17]

此外，臺灣中學生畢業後繼續留在島內的升學之路也是相當狹窄，當時僅有臺北高等學校、臺南高等工業學校、臺北高等商業學校，臺北帝大附屬醫專與臺北帝大附屬農林專門部等學校可供就讀。再加上這些學校尚有臺籍學生入學比例的限制，競爭更形激烈，[18]莫大的升學壓力形成了「考試地獄」。[19]

總督府於一九二二年二月六日實施日臺共學制，同年四月即設置臺灣總督府臺北高等學校，一般簡稱為臺北高等學校或臺北高校。原本是為在臺的日籍小學畢業生成立的七年制高等學校，後來分為四年制尋常科（與中學校同程度），與三年制高等科（日治時期等同於大學預科）兩階段學制。

由於日本的九所帝國大學（東京、京都、東北、九州、北海道、朝鮮京城、臺北、大阪、名古屋）在招收新生都優先錄取高校畢業生，二戰前全日本也僅有三十八所菁英養成高校。身為臺灣唯一的高校，臺北高校在當時可謂就讀帝國大學的直達車，也是帝大菁英的先期養成所，自然成為未來日本官界、政界、財經界、學術界等重要人才的培養皿。[20]尤其小學畢業即能考取臺北高校尋常科，通過一次考試即可決定未來躍登龍門的光榮前途。[21]因此，臺北高校堪稱日治時期臺灣第一志願，其入學考試有「全臺升學最大難關」之稱。[22]臺北高校每年招生臺籍、日籍的新生名額相差懸殊，尋常科每年招生共約四十名，臺籍學生平均每屆僅錄取四人；高等科每年共招生約一百六十名，扣除從尋常科直升的約四十名學生後，每年招生約一百二十名，而臺灣人平均每年能考入臺北高校高等科者不到三十名。[23]

而臺北高校與臺北一中之間的淵源頗深。例如，臺北高校在創建初期，曾借用當時臺北第一中學校（建中）的校舍，一九二六年始遷移至古亭町（今國立臺灣師範大學校址）。而臺北高校的首任校長松村傳還兼任兩所學校的校長，多位知名教師如鹽月桃甫等人亦同時任職兩校。

相較於其他中學校，臺北一中因為主要招收日籍學生，在差別待遇的教育制度下，得以招收更多學生就讀。茲以一九四二年（昭和十七年）統計資料為例，臺北一中共有二十班，一千〇一十七名學生，而臺北二中為十六班，學生七百六十九人。[24]臺北一中並擁有更大的校地與教職員額[25]，在優渥的教學環境下每年自然有傲人的升學表現。日治時期臺灣各地的一中，皆是以日籍學生為主體，被統治者臺籍學生大多數只能就讀二中以下的學校，僅臺中一中因小豆澤英男校長以個人去留極力抗爭而成為唯一的例外，[26]是故「一中」儼然成為一種夾雜著利益、階級與種族等優越感的象徵。

在日治時期就讀臺北二中的杜武志，在約一甲子後撰寫日治時期教育發展史時，曾以當時全臺中學錄取臺北高校名額作為統計的比較標準。一方面清楚記下當時臺北一中的畢業生每年有「幾十個人走進臺北高校之門」[27]，另一方面則統計自昭和一年到二十年間，全臺主要中學校之臺籍學生每年考取臺北高校的人數。在臺北高校約六百位臺灣人校友中，北二中校友即占了三成，北二中的升學率雖不如北一中，仍為招收臺籍學生為主之中學校之冠。[28]然而，儘管北二中雖年年在臺籍生錄取人數上獨占鰲頭，但每年錄取人數最多不過十四人（昭和十五年）而已。[29]透過杜武志的研究，可發現重視子弟繼續受教育的臺灣民眾，對於進入升學「第一志願」的關切；從其刻意的比較中，也可看見臺北一中與臺北二中兩校難解的競爭情結。

三、爭奪「一中」

一九四五年八月十四日，日本昭和天皇透過廣播發布《終戰詔書》宣告二戰結束。國民政府設置治臺的行政長官公署於同年十月二十五日接受日本臺灣總督降書後正式運作。此段時間臺人自發性地維持社會與經濟秩序。因青年學子能擺脫日本統治而大感雀躍，省中學生組織學生聯盟以歡迎陳儀長官的到來。當時原本以主收日人的北一中臺籍學聯代表黃瑞霖同學，與四中代表林水勝希望盡快恢復讀書生活，早在行政長官公署成立前，多次商討復學計畫，決議由學生自行出資借用國民學校校舍，自發召募大稻埕地區學生，集資聘請教師，採學生治校方式復學。之後三中的臺籍學生也與一中、四中合併就學。在家長的支持下，校舍遂由位居臺北市大稻埕的永樂國小移往校地較大的日新國小，並於十二月六日舉辦正式開學典禮。[30]

當時的大稻埕地區富商雲集，當地民眾對於教育也頗為重視和支持。日治時期的公學校經費籌措本有透過地方街長向基層民眾募款的傳統，而大稻埕公學校也因地方上的積極贊助下而成為臺北地區最有錢的公學校。該校在一九〇五年（明治三十八年）所擁有的土地建物與基本財產高達二千一百餘圓，而當時其他各校財產則僅一百圓左右，[31]兩者校產相差十多倍之多。在大稻埕地區民間力量的支持下，方能使得北一中臺籍學生於戰後的自發復學行動得以實現。對於受教權益，戰後初期臺灣的學生與家長皆主動展現出高度的能動性，這除了延續日治時期臺灣家長藉由出錢出力積極參與校務的慣習外，更有試圖一掃日治時期的陰霾，擺脫差別待遇的期盼。

根據建中紀念百年校慶的校史紀錄：一九四六年一月十七日，省教育處聘任張耀堂先生為北一中的校長，同年一月二十八日北一中更名為「臺灣省立臺北建國中學」。[32]關於校名的更改，官方公告的說法是「戰後初期訂立校名的原則以所在地地名為校名，如一地有兩校以上，則依次標明數字。省方為紀念臺灣光復預祝建國成功起見，特定把省立臺北一中改名

省立臺北建國中學

建國中學，省立臺北二中改稱成功中學」。[33]

然而，若對照建中與成功中學的校史紀錄，上述「紀念臺灣光復預祝建國成功」的「平和」說法，明顯刻意粉飾太平，無法清楚勾勒出當時兩校因這改名爭端所引發的衝突，亦無法反映戰後臺灣社會充滿動能且關心學子教育發展的實況。

建中百年校史記錄了這段歷程：

畢業於日本東京高等師範學校，曾任臺北州立臺北工業學校教師的張耀堂先生受命擔任校長。當時讀臺北二中的同學認為本身是以臺灣人子弟為主的學校，而一、三、四中則以日本子弟為主，自認理當繼承「第一中學」之名，因而對於教育處之做法至表不滿。張耀堂校長努力奔走盡力交涉，教育處決定廢止舊有一、二中之名稱以息爭端，本校遂於是年一月二十八日正式改名為臺灣省立建國中學，爭議方告平息。張校長任職僅八個月即因事去職，任內之事除弭校名之爭外，可考者不多，……只有「勤勞校務、苦爭校名」而已。[34]

張耀堂先生於戰後初期受命擔任建中校長，校史紀錄其主要政績是「苦爭校名」。但似乎隱藏了許多未能釐清的疑點。文中一開始提到二中學生之不滿，難道官方原本將建中的校名頒訂為「一中」，這才引發二中學生的反彈？校名爭議是由二中（成功中學）這方率先發起？另外，張耀堂校長盡力交涉的結果卻是以「建國」與「成功」取代了一中與二中，在這個過程中，實際上究竟「盡力交涉」與「苦爭」了什麼？

成功高中的百年校史則寫道：

> 本校在一九四五年底至一九四六年初，校名為「臺灣省立臺北第一中學」。但因為日治時代以日本人為主體之州一中（作者案：臺北州立第一中學之簡稱）於日本人離臺後，該校校友認為學校應正名為省立臺北第一中學，兩校之間頗有爭論；後經地方人士與主管機關之協調，決定以「建國、成功、和平、仁愛」替代「第一、第二、第三、第四」的校名，取其「建國成功」之意，於一九四六年一月底，本校再更名為「臺灣省立臺北成功中學」。本校以「成功中學」為名的另一意義，是為了紀念民族英雄鄭成功。接收之初，本校校址將原本的日治時期的幸町65番地，改為臺北市文化街65號，一九四七年六月二十八日則改成濟南街241號，之後改成濟南路一段71號的現址。[35]

成功高中的校史直接提到原本學校被官方認定為「臺灣省立臺北第一中學」，但因建中校友不滿，雙方遂引起爭議，最後經「地方人士與主管機關之協調」，校名爭議方告平息。這種說法明顯將引發爭議的導火線推給建中，兩校校史說法明顯不一致，這該如何解釋？

從校史紀錄中，可得知兩則文本都同意此事在當時確實引發了爭端與不滿，最後在主管機關的協調下，方確立現在的校名。雖說改名爭議關係到兩校校名的由來，自然會出現於百年校史的撰寫上。但一九五〇年出任成功高中校長與教務主任的潘振球與薛光祖皆在回憶錄中提到，當時成功中學的校友與家長不願屈居第二，甚至出現把當時第一中學（建中）的校牌搬到成功中學的舉動，[36]導致兩校學生因此險些爆發流血衝突。[37]可見在當時學生與家長的眼中，並非僅單純不滿於校名的改換，而當時二中校友與家長對於改名一事的憤怒程度，似乎尤勝過一中？在兩校校史的論述中，爭端之因皆指稱自己已是一中，但是對方強行索要一中之名所致，這些差異部分更待釐清。

釐清兩校改換校名爭議，除參酌兩校的校史論述外，校友們對此亦多有記述，然而，各自的論述內容並不完全一致。以下茲以兩方皆同意者為基礎，輔以行政長官公署檔案史料與報紙論述，從官方檔案與報紙中的學校題名，推論還原當時可能的狀態；尤其自戰後一九四五年十月十一日發行於臺北市的《民報》，社長林茂生兼任臺北二中的家長會會長，非常關心此次校名爭議，以致《民報》保留不少相關紀錄。

因為於一九四六年一月底兩所中學的校名已確認為建國中學與成功中學，故待釐清的爭議時期應為一九四五年底至一九四六年初之二至三個月間。而早在長官公署一九四五年十月二十五日接收臺灣前，臺北二中以外的一中、三中、四中的臺籍中學生已有自發合併的復學行動，行政長官公署教育處順勢在一九四五年十一月十五日下令將其合併為臺北第一中學校，並將中學校一律從州立改為省立。戰後初期，建中曾被官方定名為「臺灣省立臺北第一中學」，此說法在兩校校友的回憶紀錄中都有提到。[38]然而，北市成功高中於二〇二二為慶祝百年校慶所出版的校史當中，公布了此時期的四則公文，指出教育處最晚於一九四五年十二月十九日曾將日治時期的臺北州立二中命名為「臺灣省立臺北第一中學」。[39]此種說法又該如何解釋？

一九五二畢業的建中校友蔡平里，他在建中的六年期間適逢改名爭議落幕。他的紀錄更為詳細，指出此時期共有四次改名。首先，長官公署於一九四五年十一月十五日沿用日治時期學校排名。第二次是分別於一九四五年十二月七日與八日，透過《臺灣新報》、《臺灣新生報》發布全島六十八所中學校的校名更訂，《臺灣新生報》在日治時期原稱《臺灣新報》，行政長官公署接收更名為《臺灣新生報》，由新聞處經營作為官方喉舌；宣布原臺北州立第一中學改為臺北省立第四中學，原臺北州立第四中學改為臺北省立第一中學，原臺北州立第二與第三中學，排名不變僅州立改為省立。此消息在臺北市引發軒然大波，臺北二中校長於一九四五年十二月十日的《臺灣新生報》上發布，將於明日召開二中父兄會，請參加者攜帶印章以方便記名向教育處陳情。第三次更名則為一九四五年十二月十五日，長官公署又將臺北市內的臺籍學生合併為新一中。一九四五年十二月十七日為第四次，也就是最後一次改名，將臺北省立第四中學改為臺北省立建國中學，臺北省立第二中學改為臺北省立成功中學，臺北省立第三中學改為臺北省立和平中學，臺北省立第一中學改為臺北省立仁愛中學。[40]

蔡平里指出第一階段長官公署於一九四五年十一月十五日沿用日治時期學校排名，從《民報》資料中亦可見到當時臺北二中家長會關切子弟的教育，發起若干活動，從當時題名皆以「二中」自稱，[41]可見兩校校名爭議尚未爆發。

蔡平里指出，行政長官公署曾在一九四五年十二月初將臺北第一中學的建中，改稱為臺北第四中學，此段紀錄亦可見於臺灣省行政長官公署教育處發行的出版品，[42]而他紀錄的長官公署十二月十五日將臺北市內的臺籍學生合併為新一中，此方式亦可見於戰後全島各中學處理模式。例如，日治時期以招收日籍學生為主的臺南一中，戰後因日籍學生等待遣返，加上教師沒有薪水與學生怕被毆打等原因，原本就讀臺南一中的臺籍學生紛紛轉入臺南二中就讀，後來臺南二中也自然改名為省立臺南一中了。[43]戰後教育處的合併設校，在當時的時空脈絡下似乎是不得不然，因日治時期就讀一中的臺籍學生人數極少，戰後大多數日裔學生遣送回國後要單獨成校復學有其困難，與他校合併是再自然不過的方法。

有趣的是，在成功高中出版的百年校史紀念冊上曾引述當時《民報》對於改名爭議的報導，而這份史料恰可作為省教育處多次改換「一中」的佐證：

二中學生希改校名。臺北二中學生代表、每向教育處陳情、希望改稱為一中。十一日曾開父兄大會、均贊同其主張。但當局尚無明答。一中學生代表說：「我們希望將向來一、三、四各中學生全數與二中學生合為一塊稱為一中、以洗從前差別之惡習。並沒有優越或排除別校之謬見。」44

此篇報導的時間為一九四五年十二月十四日，而二中的父兄大會時間也與蔡平里所記錄的一九四五年十二月十一日相符合。由報紙上題名可見長官公署仍維持日治時期的校名，這符合第一階段的處置方式，但未能清楚看出蔡平里指出第二階段的一中和四中名稱對換，因為此時期長官公署的校名更換多是仰賴《臺灣新生報》上發布，雖已造成影響，但未有明確人事派令發布，或可視作仍在試探階段。若要釐清當時時空脈絡，可從第二段文句往前讀。此篇報導的記者摘錄了二中與一中學生代表對於改校名的意見，報導中僅見二中代表的抱怨，二中學生期盼將校名改為一中的訴求，正是希望教育處不要把「一中」名號給予「四中」，能尊重臺北二中曾經作為臺灣人之一中的這段歷史。然而，一中代表面對二中的批評，委婉地提到建議將臺北市所有中學生皆合併為一中，自己並沒有獨占「一中」校名的優越感。從上述一中學生的回應，或可顯示當時教育處曾已先將「一中」給予一中、三中、四中臺籍中學生的復學組織，此時一中學生代表則更希望教育當局能將一中、三中、四中與二中臺籍中學生合併為一校，而非分別獨立設校。此意見自可化解原一中變為四中的窘境，也可紓緩二中校友與學生的憤怒。這個解方也引導長官公署在隔天透過《臺灣新生報》上發布將臺北四所省中合併為新一中的消息，可見，此時長官公署對於改校名政策尚未有明確主張，仍在試探階段。

根據蔡平里的第三階段紀錄，長官公署曾於十二月十五日將臺北市內的臺籍學生合併為新一中，教育當局或考量臺灣社會整體期待與全島處理通例，方有十二月十五日將全臺北市臺籍學生合併為新一中的舉動。如果全臺北市中學生合併為一校，那就不會有之後的建國、成功校名安排處置了。上述臺南一中與二中合併恰為範例，此似乎也是全島的通例，那為何臺北市不適用呢？

> 省垣各中學　決定改名（本市）為省都之中學校問題、自日前、父兄會及學生間生起議論百出、去十六日於臺北大學、二中父兄會長林茂生氏、其他各父兄代表與趙教育處長會合討議決定原二中改為一中，原一中三中四中之本省人學生合學二中、現在四中之校舍給新二中使用、新一中使用原有二中校舍。45

引文為《民報》一九四五年十二月十八日所刊載新聞，記錄了北二中家長會長林茂生博士、家長代表們與教育處於一九四五年十二月十六日的討論，決議將北二中改為一中，而一中、三中、四中臺籍中學生復學組織則換為北二中校名。林茂生建議單獨讓二中成為一中，拒絕一九四五年十二月十五日將臺北市內的臺籍學生合併為新一中之決策。長官公署最終接受了林茂生的訴求，方有成功高中百年校慶紀念冊所揭露的四則公文，提到教育處最晚於一九四五年十二月十九日曾將日治時期的臺北州立二中命名為「臺灣省立臺北第一中學」。因林茂生等人的遊說，終讓臺北市臺籍學生合併一校的建議胎死腹中。

教育處官員之所以會接納林茂生的意見，或是因林茂生擁有優越的「文化資本」，他是臺灣歷史上第一位取得東京帝大文學士、第一位留美博士和第一位取得哲學博士的專業人才。另一方面，林茂生的主張同時具備「社會資本」，國民政府在接收時，從臺灣人的街談巷議，得知日本總督府實施之差別教育政策，稱日本人為主的學校為第一中學，而臺灣人為主的學校則為第二中學或第三高等女學校等，視臺灣人為次等國民。因此，行政長官公署用心良苦地透過更改全臺學校校名，符合當時「去日本化」的政策趨向，也可抒發臺灣人長期以來所遭受的不公平待遇。[46]

日治時期實施教育的差別待遇，造成臺灣民眾熱切追求與嚮往「一中」象徵的優越感，當戰後一旦脫離日本統治，長期以來深受種族和階級的不平等下的臺灣社會，[47]其不滿遂赤裸地表現在「一中」校名的爭奪上。蔡平里的紀錄與建中百年校史皆提到戰後「臺北二中的同學認為本身是以臺灣人子弟為主的學校，而一、三、四中則以日本子弟為主，自認理當繼承『第一中學』之名」。可見臺灣民眾長期在差別待遇下積怨已深，又深刻服膺「一中」所代表的優越感，希望能在「光復」之際，藉由改換校名一吐「二中」之臺籍學生長年承受的不平，享受當家作主後的統治「福利」。而行政長官公署甫治臺灣推動教育政策即以矯正日本殖民教育弊端為方向，曾提出「實施教育均等」為教育方針，期盼能改正日治時期的差別待遇，[48]此時的更換「一中」校名，恰可呼應民意與政策。

蔡平里提到的戰後一九四五年十二月十五日第三次更名，長官公署將臺北市內的臺籍學生合併為新一中。此舉並未成功，反而是長官公署將日治時期的「二中」與「一中」的校名對調，這是成功高中百年校史特別強調「本校在一九四五年底至一九四六年初，校名為臺灣省立臺北第一中學」的主要理據。此在行政長官公署的檔案與《民報》都留下清楚的資料。臺灣省行政長官公署於一九四五年十二月二十九日發布四位省立學校校長派令，清楚寫到：林攀龍代理省立臺北第一中學校長、張耀堂代理省立臺北第二中學校長。[49]張耀堂先生是戰後建國中學首任校長，林攀龍先生是霧峰林家林獻堂長子，執掌以招收臺灣人為主的二中非常適合，唯林攀龍本人卻無意願擔任，故《民報》在一九四六年一月九日記錄臺北一中舉辦父兄會以討論校長問題，[50]臺灣省行政長官公署教育處又在一九四六年一月十八日函送《省立學校校長名冊》，清楚寫到：省立臺北第一中學校長：林攀龍；省立臺北第二中學校長：張耀堂；省立臺北第三中學校長：林攀龍（兼代）；省立臺北第四中學校長：張耀堂

（兼代）。[51]因為林攀龍先生堅持不想擔任臺北一中與三中的校長，所以《民報》分別在一九四六年一月二十一日與二十二日分別記錄臺北一中舉辦父兄會公推林恭平先生擔任校長事宜。[52]一直到一九四六年一月，兩校校名仍處在一中之爭階段，故蔡平里描述的一九四五年十二月十七日為第四次，也就是確立建國、成功校名的最後一次改名，時間應延後到隔年的一月底。至此，建中校名在二戰結束後短短半年時間，歷經了：一中、四中、二中、建國四種校名。從行政長官公署於一九四六年一月二十三日發布的檔案紀錄，明確寫著將「省立臺北第二中學校長兼省立臺北第四中學校長張耀堂因另有任用免去本職，改派張耀堂為省立臺北建國中學校長兼省立臺北仁愛中學校長，另新派臺北第一中學兼第三中學校長林攀龍，堅辭不就，予以撤銷派令」，此更是將校名最終變更為「建國」的清楚記錄。[53]此時「建國」與「成功」校名已確立，故早在一九四六年一月二十三日臺北省中校名爭議已告結束，而非建中百年校史所提到的一九四六年一月二十八日。

顯見，戰後全臺各地學校普遍將日治時期的二中改名為一中，似乎為全島之慣例。然而，唯獨臺北市是例外，除未沿用日治時期的稱號，竟決定以建國、成功、和平、仁愛替代第一、第二、第三、第四的校名。[54]尤其，長官公署已發布明確人事派令後，又再改換校名，其間緣由值得深究。另外，論者以為這僅表面上取其「建國成功」之意，以弭平爭奪「一中」的諸多爭議。但以邏輯而論，仍是建國在前，而成功在後，成功依舊還是二中，實有偏袒建中之嫌。[55]故戰後初期的處置「一中」校名爭議，為何臺北市是唯一例外，尚有須待釐清的未竟之謎。

二中出身的杜武志對此曾有所闡述。他認為，臺北市中學校的校名並未保留舊有一、二、三、四中名號，且日治時期的一中並未因戰後「光復」而使其地位遭到壓抑，是因以下之因素。第一，當時改校名的「苦主」，也就是臺北二中與臺北第三高女並沒有趁民心可用之際聯合「發動」正名。主要是臺灣學生在日治時期的教育下，對於政府政策多為服從、不敢抗爭。當時第三高女學生代表雖曾親赴北二中門口希望能商議大事，但二中的男學生竟害羞不敢外出相迎。其次，當時二中的家長會長林茂生正忙於協助海外滯留臺灣人歸鄉事宜，無暇參與校名爭議。[56]更重要的是，對方（北一中）擁有強有力人士介入，促成了戰後校名爭議落幕，杜武志僅記此人為杜○明。[57]

在當時，夠影響長官公署「違逆」廣大民意且能跟林茂生博士「相抗衡」的有力者實不多見，身為京都帝國大學醫學博士，為臺灣史上首位醫學博士的杜聰明先生是極有可能者。

杜武志還提到，此有力人士具有臺北第一中學與臺北第一高女的家長身分。[58]杜聰明先生的長女杜淑純曾就讀臺北第一高女，三子杜祖健就讀臺北一中。加上其戰後任臺灣新生教育會會長[59]，又是教育部臺灣區教育復原輔導委員會委員與教育處中等學校視察委員會委員，協助接收工作的進行。[60]或許只有杜聰明先生的地位與威望，方能讓戰後臺北市中學校北一女繼續保持校名，又考量北二中學生與家長的反彈情緒，藉由「建國成功」校名，巧妙地讓日治時期的「一中」繼續維持過往的光榮。

再提供一則旁證。臺北市立第一女子高級中學（北一女中）的建校百年特刊曾提到：「日治時期第一、第二、第四高女以日籍學生為主，第三高女臺籍學生為多；戰爭結束，日籍學生皆被遣返，三所學校剩下的臺籍學生屈指可數，合併後的人數仍不及第三高女，故第三高女曾經爭取以第一為名。所幸胡婉如校長在中央政府內相當有影響力，家長也都是（具備）社會地位的知名人士（例如臺灣第一位醫學博士杜聰明）。在極力爭取之後，第一女中的校名就此確定。」[61]戰後初期誰是「一中」確實引起臺灣社會的關心，原本以日籍學生為主的中學校，因臺籍學生人數稀少需要合併方可復學，此整併期間恰是重訂校名的機會。杜聰明先生因為女兒曾就讀北一女，所以幫忙出力維持校名，也對「一中」的校名歸屬發揮其影響力，這些都相當符合杜武志的描述。但在男校部分，因成功中學的學生、校友和家長為爭取「一中」的強烈抗爭行動，讓決策者只好用「建國成功」校名來緩和衝突。

戰後初期的「一中」校名的爭端，引發了諸多家長、學生、校友與地方人士的介入，除了是延續自日治時期以來臺灣社會關心子弟教育的舊慣外，更重要的是自日治時期留下的「一中」榮光，已成為眾人心之所向的價值目標，此根深柢固的價值並不會因校名改換為「建國」而遭人遺忘。

建中校友陳德潛先生回憶起戰後初期所戴的校帽與校徽，仍保留著日本臺北州立第一中學制帽上的校章圖樣[62]。就算校名被改為建國，建中學生都仍以身為臺北一中為傲。當時，建中學生在植物園落單時，許多他校學生常會趁機搶劫，「他們只要你的帽徽、校徽及襟章，幾乎專找初一新生下手」，[63]然而建中生「一聞此訊，群起飛奔植物園中，展開保衛臺北一中的大戰」[64]。可見，誰是「一中」在校名爭議落幕後仍方興未艾。

日治時期作為晉升高等教育的中學「第一志願」臺灣總督府臺北高等學校，於一九四五年十二月被長官公署改名為「臺灣省立臺北高級中學」，歸類為一般中學，失去其在日治時期高等教育機構的屬性。一九四六年更決定將此校地改設置臺灣省立師範學院並借用校舍與

日治時期臺北州立第一中學校徽。

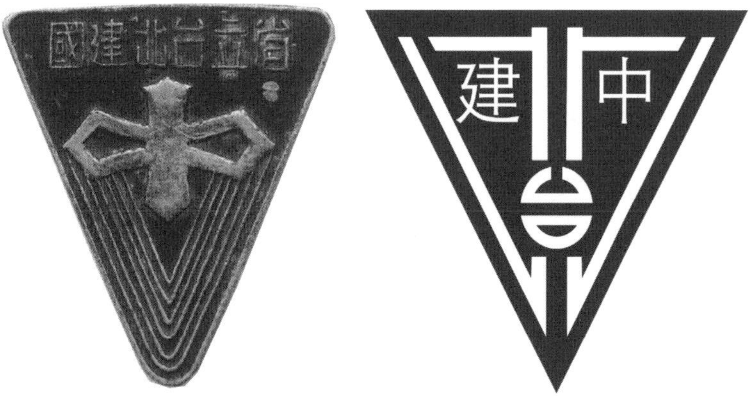

戰後初期的建中校徽（左），仍保留著過往第一中學的圖樣，
今日建中校徽已無此圖樣。

初一的襟章。

設備，出現了「一校地兩學校」的情形。然而，在經歷二二八與四六事件後，一九四九年忽然宣布停辦省立臺北高級中學。[65]當時規定，省立中學皆須辦理初中與高中兩級學務，[66]於是臺北市如建中之省立中學同時擁有初中與高中兩部。沒想到，停辦省立臺北高級中學，意外地讓原本臺北高中的「一中」成為「懸缺」。誰是臺北市高級中學「一中」的繼承者，更成為各校競逐的焦點。

日治時期，臺北州立一中與進入高等教育的「第一志願」臺北高校都曾在建中的校園內辦學，身處歷史建築中，學生容易追憶起日治時期州立一中與臺北高校與建中在教育上的連結：

> 初一新生的教室分配在校庭北隅的一排木造教室，當年我們還通稱其為臨時教室。歷史記憶中此臨時教室來頭不小。一九二二年三月，臺北一中校長松村傳致力於籌備臺灣總督府高等學校的創立，兼任其校長。在臺北一中校園內興建了可容納一年級新生及二年級轉學生各四十名上課用的臨時校舍，其開學典禮在該臨時校舍舉行，並在二日後開始上課。[67]

日治時期的「一中」彰顯著統治者的榮耀，是在統治族群凌駕於被統治者的意義網絡下實現，這讓「一中」轉化為一種優越的象徵，成為被統治者想要擁有或超越，且揮之不去的幽靈。當政權交替，政府原本希望延續日治時期的命名傳統，卻意外牽動被殖民者長期以來在差別待遇下飽受壓迫的情緒，加上相關學校校友、學生、家長等利益相關能動者，透過徵召與動員等競逐抗爭手段，讓誰是「第一志願」的問題浮上檯面。面對異議的挑戰，政府藉由逃避試圖平息爭議，但「一中」所象徵的學校優越感與歷史記憶，仍如幽靈般隱藏在民眾的期待中，尤其身處在充滿歷史感的建築物中，更容易生成思古之幽情，這即是種歷史性（historicity）的展現。

利柯（Paul Ricoeur）曾云：「我們活在歷史所建構的真實世界中，透過真實的社會現實，歷史成為真實與事實。此稱作歷史性。歷史性是一個基本且重要的事實，因我們創造歷史且沉浸其間，我們也成為歷史的生成物」。[68]因為在建中校園裡歷史性建築中所生成的故事，存在著「一中」的光榮記憶，戰後建中雖因命名爭議而與「一中」擦肩而過，但因學生平日在這充滿「一中」歷史性的校舍中學習，這段過去宛如有生命般，仍舊不斷地召喚著它的認同者，去追憶、保護，甚至繼續創造「一中」的光榮。

注釋

1 史明，《史明回憶錄：追求理想不回頭》（臺北市：前衛，2016），頁 150-151。

2 王錦雀，〈日本治臺時期殖民與教育政策之演變〉，《公民訓育學報》（11）2002，頁 139。

3 周慧茹，〈日治前期的臺灣初等教育〉，《臺灣學通訊》125 期（2022-01-22），頁 10。

4 汪知亭，《臺灣教育史料新編》，（臺北：商務印書館，1978），頁 59。

5 王麒銘，〈男子中學校的設立與普及〉，《臺灣學通訊》125 期（2022-01-22），頁 12。

6 〈臺灣總督府國語學校第四附屬學校〉，《數位典藏與數位學習聯合目錄》，https://catalog.digitalarchives.tw/item/00/48/86/00.html。

7 王麒銘，〈男子中學校的設立與普及〉，《臺灣學通訊》125 期（2022-01-22），頁 12。

8 許佩賢，《太陽旗下的魔法學校》（新北市：東村，2012），頁 51-53。

9 杜武志，《日治時期的殖民教育》（新北市：北縣文化，1997 年），頁 352-356。

10 許佩賢，《太陽旗下的魔法學校》，頁 85-95。

11 陳文松，《殖民統治與「青年」：臺灣總督府的「青年」教化政策》（臺北市：臺大出版社，2015），頁 67-69。

12 許佩賢，《殖民地臺灣近代教育的鏡像：一九三〇年代臺灣的教育與社會》（新北市：衛城，2015），頁 4。

13 鄭麗玲，《躍動的青春：日治臺灣的學生生活》（臺北市：蔚藍文化，2015），頁 41-42。

14 臺北市立建國高級中學，《建中世紀》，頁27。

15 臺北市立建國高級中學輔導室，《建中學長內信》（臺北市：臺北市立建國高級中學自印發行，1997），頁4。

16 鄭麗玲，《躍動的青春：日治臺灣的學生生活》，頁46。

17 王麒銘，〈男子中學校的設立與普及〉，《臺灣學通訊》125期（2022-01-22），頁14。

18 大谷渡，陳凱雯翻譯《太陽旗下的青春物語：活在日本時代的臺灣人》（臺北市：遠足文化，2017），頁169。

19 杜武志，《日治時期的殖民教育》，頁364。

20 蔡錦堂，〈新竹中學校出身的臺北高等學校生初探〉，《師大臺灣史學報》第10期（2017年12月），頁128。

21 蔡錦堂，〈日本治臺後半期的奢侈品——臺北高等學校與近代臺灣菁英的誕生〉，收於亞東關係協會編，《2007年臺日學術交流國際會議論文集——殖民化與近代化——檢視日治時代的臺灣》（臺北：外交部，2007），頁52。

22 徐聖凱，《日治時期臺北高等學校與菁英養成》（臺北：國立臺灣師範大學，2012），頁16-17。

23 蔡錦堂，〈新竹中學校出身的臺北高等學校生初探〉，《師大臺灣史學報》第10期（2017年12月），頁129。

24 杜武志，《日治時期的殖民教育》，頁338-339。

25 杜武志，《日治時期的殖民教育》，頁 361。
26 杜武志，《日治時期的殖民教育》，頁 336-337。
27 杜武志，《日治時期的殖民教育》，頁 313。
28 王麒銘，〈男子中學校的設立與普及〉，《臺灣學通訊》125 期（2022-01-22），頁 13。
29 杜武志，《日治時期的殖民教育》，頁 318-319。
30 臺北市立建國高級中學，《建中世紀》，頁 33。
31 許佩賢，〈日治初期近代學校的創設與地方社會：以公學校經費問題為中心〉，《新竹師院院報》第 18 期（2004 年），頁 318。
32 臺北市立建國高級中學，《建中世紀》，頁 34。
33 何清欽，《光復初期之臺灣教育》（高雄：復文，1980），頁 81。此說法流傳甚廣，亦可見：陳光輝，〈臺北市學校教育的發展〉，《臺灣教育輔導月刊》17：10（1967 年 10 月），頁 4。
34 臺北市立建國高級中學，《建中世紀》，頁 33-34。
35 蘇青葉編輯，《一百年成功　千萬載光榮：臺北市立成功高級中學創校一百週年校慶紀念特刊》（上冊）（臺北市：臺北市立成功高級中學，2022），頁 104。
36 薛光祖，《關愛與奉獻：杏壇記事》（臺北市：臺灣書店，1995），頁 39。
37 朱重聖、郭紹儀訪談、張世瑛紀錄，《潘振球先生訪談錄》（新北市：國史館，2004），頁 80。
38 臺北市立建國高級中學，《建中世紀》，頁 33。蔡平里，〈紅樓殘夢之二十七－－解密之四〉，《建中校友會刊》第 40 期，2011 年，頁 30，亦可見於成功高中校友的紀錄，杜武志，《日治時期的殖民教育》，頁 314。

39 蘇青葉編輯，《一百年成功　千萬載光榮：臺北市立成功高級中學創校一百週年校慶紀念特刊》（上冊），頁 103-105。

40 蔡平里，〈紅樓殘夢之二十七——解密之四〉，《建中校友會刊》40 期，頁 30-32。

41 〈臺北二中父兄會，選出委員會十名〉，《民報》第一版，1945 年 10 月 28 日 https://das.nlpi.edu.tw/cgi-bin/gs32/gsweb.cgi/ccd=ANxfF9/mygraphviewer_nlpi?dbid=YzN0Mm5XcHljNkp2Wld5WGNJNS9TWGVKZ0ZrPQ%3D%3D&fulltype=ospath&initpage=1&。〈二中父兄會〉，《民報》第二版，1945 年 11 月 5 日 https://das.nlpi.edu.tw/cgi-bin/gs32/gsweb.cgi/ccd=ANxfF9/mygraphviewer_nlpi?dbid=YzN0Mm5XcHljNkp2Wld5WGNJNS9TM0ZsZEZVPQ%3D%3D&fulltype=ospath&initpage=1&。

42 臺灣省行政長官公署教育處，《臺灣省教育概況》，（臺北市：臺灣省行政長官公署宣傳委員會，1946），頁 64。

43 杜武志，《日治時期的殖民教育》，頁 336、338。

44 〈二中學生　希改校名〉，《民報》第一版，1945 年 12 月 14 日 https://das.nlpi.edu.tw/cgi-bin/gs32/gsweb.cgi/ccd=dd2AAb/mygraphviewer_nlpi?dbid=Wm14MW9HbG5icFZ5YW11YWQ1dG1VMnVGaG1NPQ%3D%3D&fulltype=ospath&initpage=1&。

45 〈省垣各中學　決定改名〉，《民報》第一版，1945 年 12 月 18 日 https://das.nlpi.edu.tw/cgi-bin/gs32/

gsweb.cgi/ccd=ANxfF9/mygraphviewer_nlpi?dbid=YzN0Mm5XcHljNkp2Wld5WGNJNXJWb05wZ0ZrPQ%3D%3D&fulltype=ospath&initpage=1&。

46 蔡平里，〈紅樓殘夢之二十七 -- 解密之四〉，頁 33。

47 朱重聖、郭紹儀訪談，張世瑛紀錄，《潘振球先生訪談錄》，頁 81。

48 臺灣省行政長官公署教育處，《臺灣一年之教育》，（臺北市：臺灣省行政長官公署宣傳委員會，1946），頁 5。

49 見：「省立臺北第一中學校長林攀龍等 4 員任免案」（1945-12-29），〈省立中等學校校長任免〉，《臺灣省行政長官公署》，國史館臺灣文獻館，典藏號：00303233010016 https://onlinearchives.th.gov.tw/index.php?act=Display/image/3697296AkIQz=O#3eF。

50 〈一中父兄會　討論校長問題〉，《民報》第一版，1946 年 1 月 9 日 https://das.nlpi.edu.tw/cgi-bin/gs32/gsweb.cgi/ccd=dd2AAb/mygraphviewer_nlpi?dbid=Wm14MW9HbG5icFZ5YW11YWQ1dVlWNEI0Y1U0PQ%3D%3D&fulltype=ospath&initpage=1&#。

51 見：「省立學校校長名冊函送案」（1946-01-18），〈歲入支出官任免〉，《臺灣省行政長官公署》，國史館臺灣文獻館，典藏號：00303232231007 https://onlinearchives.th.gov.tw/index.php?act=Display/image/3697254=5QZww3#Jrd3。

52 〈省立第一中學父兄會　決議推選校長〉，《民報》第一版，1946 年 1 月 21 日 https://das.nlpi.edu.tw/cgi-bin/gs32/gsweb.cgi/ccd=dd2AAb/mygraphviewer_nlpi?dbid=Wm14MW9HbG5icFZ5YW11YWQ1

dG1UMytoZ0VrPQ%3D%3D&fulltype=ospath&initpage=1&#。
〈希望林氏長一中，父兄會提出呈文〉，《民報》第一版，1946年1月22日 https://das.nlpi.edu.tw/cgi-bin/gs32/gsweb.cgi/ccd=ANxfF9/mygraphviewer_nlpi?dbid=YzN0Mm5XcHljNkp2Wld5WGNJNXJXSHQ5ZUVrPQ%3D%3D&fulltype=ospath&initpage=1&#。

53 「省立臺北建國中學校長張耀堂等2員任免案」（1946-01-23），〈省立中等學校校長任免〉，《臺灣省行政長官公署》，國史館臺灣文獻館，典藏號：00303233010011 https://onlinearchives.th.gov.tw/index.php?act=Display/image/3697890epqZM1R#011。

54 臺灣省行政長官公署教育處，《臺灣一年之教育》，頁30。

55 杜武志，《日治時期的殖民教育》，頁317。

56 杜武志，《日治時期的殖民教育》，頁316-317。

57 杜武志，《日治時期的殖民教育》，頁317。

58 杜武志，《日治時期的殖民教育》，頁336。

59 杜武志，《日治時期的殖民教育》，頁320。

60 杜聰明，《回憶錄之臺灣首位醫學博士》下冊，（新北市：龍文出版社，2001），頁179-180。

61 臺北市立第一女子高級中學建校百年特刊編輯委員會，《典藏北一女百年特刊》，（上冊）（新北市：正中書局，2003年），頁42。

62 臺北市立建國高級中學輔導室，《建中學長內信》，頁6。

63 蔡平里，〈紅樓殘夢之二十二——紅樓少年之煩惱〉，《建中校友會刊》34 期（2005），頁 58。

64 蔡平里，〈紅樓殘夢之二十七——解密之四〉，頁 37。

65 戴寶村，〈消失的學校——北二女、臺北高中〉，《臺灣學通訊》125 期（2022-01-22），頁 29。

66 臺灣省行政長官公署教育處，《臺灣一年之教育教育》，頁 77。臺灣省行政長官公署教育處，《臺灣省教育概況》，（臺北市：臺灣省行政長官公署宣傳委員會，1946），頁 57。

67 蔡平里，〈紅樓殘夢之三十四 - 紅樓懷古追憶老頑童〉，《建中校友會刊》46 期（2017 年），頁 45。

68 Ricoeur, Paul (1981), *Hermeneutics and the Human Sciences: Essays on Language, Action and Interpretation*, Cambridge: Cambridge University Press, p274.

第三章

建中竟然是間太保學校

依各級學校的一般校風而言，專科以上學校大致是很好的，這應歸功於入學考試標準的合理提高，和平日課程督促的儘量嚴格，使專事游蕩，不務讀書的學生，既無法混入校門，一經錄取入學之後，又不得不埋首鑽研，以爭取及格分數。至於小學學生，年事尚小，對其教師更衷心敬畏，所謂校風問題，也并不嚴重。而年來為社會人士學生家長所最痛心疾首者，乃是少數中等學校的校風問題。所謂「十三太保」「十三妹」一類典型的青年，多係中學學生。他們的不良行為，不僅損害了學校名譽，而且影響了社會治安，此股逆流，泛濫所及，甚至學校束手，家庭「告急」，最後被迫求助於治安機關。我們認為這是自由中國教育界一件不容絲毫忽視的重大問題。[1]

一九五一年的報紙社論討論了當時的校風問題，認為激烈的升學考試競爭可將專事游蕩、不務讀書的學生，透過專注於課業，將其轉化為埋首鑽研的好學生。記者隨即批評當前少數中學校出現「十三太保」之類的「流氓」青年。若依照記者這種「愛讀書的孩子不會變壞」的直覺想法，身為「第一志願」的建中，應該都是好學生，不可能出現「十三太保」。

但若回溯戰後臺灣的教育發展，建中竟然是「太保學生」的原產地！

一、持續戰亂下的教育環境

一九四五年八月二十九日，國民政府成立臺灣省行政長官公署，以負責臺灣接收事宜，十月五日相關人員抵臺之後準備交接，十月六日舉行第一次升旗典禮，並發布通告，要求臺灣各級學校照常上課，而教育方向應摒除日本皇民化思想，改以服膺中華民國為目標。[2]一九四七年二月二十八日爆發二二八事變，各級學校近一個月無法正常上課。一九四八年五月進入動員戡亂時期，年底因應國共內戰局勢的逆轉，蔣中正總統緊急命令在臺灣休養的陳誠擔任臺灣省主席，[3]陸續推動減緩失學與失業問題的計畫教育。[4]一九四九年一月二十一日蔣中正宣告下野，由副總統李宗仁代理，四月國共和談破裂，十月一日毛澤東正式宣告中國共產黨統治中國，十一月李宗仁以就醫為由轉赴美國，蔣中正繼而接負責任，十二月七日行政院院會決議政府遷設臺北，[5]十二月十五日為取得美國政府與國際的支持，改命吳國楨擔任臺灣省主席兼管保安司令部，籌備反攻事業。[6] 一九五〇年三月一日蔣中正復行視事並任命陳誠為行政院院長，以「確保臺灣，準備反攻」作為施政目標。[7]

戰後初期的臺灣可謂處在風雨飄搖之中，政府實施的教育政策的逐步調整，可以一九四九年為分界，前期主要推動中國化教育，力求教育數量的擴充；後期則強調教育應落實於生活，轉為重視生產勞動的計畫教育。[8] 一九四八年臺灣省教育廳廳長許恪士曾在第一屆全省教育會議上指出：當前臺灣省教育有經費短缺、校舍破舊、教材與設備欠缺、師資不足、辦理教育的行政人才短缺等五大問題，[9] 此五大問題可區分為硬體與軟體兩部分，實貫穿前後兩期，持續地影響戰後初期的教育品質。

像戰後初期，建中學生就多在危樓裡上過課：

二戰末期，紅樓西側因有日軍駐兵，遭到美軍轟炸，造成校舍損毀。戰後仍然沒有清除整建，破磚爛瓦成堆、蕪草叢生，裡面還窩著成群的野狗，大操場又有叫學生拔不完的野草，隔著大操場是一排兩層的木造樓，當時已經說是危樓。[10]

木造樓。

一九四八年傅禺（筆名子于）自中國東北來到臺灣任職於建中，就目睹建中校舍殘破的模樣。然而，校舍殘破，連帶教材設備短缺並非是建中獨有的現象，一九四八年八月擔任高雄中學校長的王家驥曾言，學校各項教學設備多殘破不全，是當前辦學最感困擾之處。[11]然而歷經二戰轟炸傷害的建中校園，其破舊不堪的慘狀，甚至讓一群參觀建中校園的小學生在回程公車上抱怨校園的破爛，他們憤慨的批評：「老師幹嘛叫我們第一志願一定要填建國中學？」[12]

造成戰後初期臺灣學校校園普遍殘破的原因，除了戰爭的破壞外，教育經費的短缺更是讓校舍遲遲無法修復的主因。臺灣省政府無論在國共內戰期間或是政府遷臺期間，國防一直是財政支出的要項，甚至曾高達百分之九十，[13]但教育經費的支出長期以來都未達國家總體歲出的百分之一（見表1），[14]僅能由地方縣市鄉鎮稅收中的田賦代徵公學糧三成約八百萬元，獨立支應教職員生活津貼、校舍修建與學校設備費用等國民教育經費，[15]此導致戰後初期教育硬體設備難以促進教育發展。

戰後初期，無論是長官公署或臺灣省教育廳都關注於矯正日治時期教育的差別待遇問題，故在前期以擴充學校數量為施政重點計畫。若以日治時期教育最繁盛的一九四四年為標的，當時中學及職業學校共七十二所，在學學生為四萬三千六百三十三人，本省籍學生僅二萬二千零三十八人。及至戰後，在長官公署與省教育廳持續擴充教育的績效下，民國四十四學年度，中學有一百四十五所，在學學生十四萬五千七百九十八人，職業學校有九十五所，學生六萬零三百九十七人。[16]在這約十年間，臺灣中學校的數量成長約三．

表1：遷臺初期教育經費支出比例

會計年度	39年度	40年度	41年度	42年度	43上半年	43年度
占國家總歲出百分比	0.588	0.542	0.445	0.546	0.993	1.089

三倍，中學生人數成長四．七倍。上述的教育「榮景」，在教育經費短缺的條件下出現僧多粥少的窘境，為數龐大的殘破校舍與設備更無修復與充實之可能。

戰後臺灣教育環境的軟體部分更是問題叢生。根據長官公署的統計，日治末期全島中等學校約有教師二千零三十三人，本省籍者僅一百人，因為日籍學生陸續返國，估計將可減少教師約六百至八百人，僅需補充一千一百人至一千三百人等，故允許省立中等以上學校向省外地區召募教師，並計畫在北平與上海設辦事處，廣招教師來臺服務。[17]在校長部分，則規定「州廳立的中等學校則由各州廳接管委員會先行接收，在原校或鄰校臺籍教員中挑選學識能力比較優良的暫時委派他代理校務，負責保管所有設備及財產，並能令繼續上課，聽候派員接辦」。[18]依據此條件，一九四六年派定的全省省立各級學校校長，「省立專科以上學校校長皆由內地延攬來臺，省立中學學校六十八間，一人兼任兩校者記十二人，校長五十六人中本省籍二十五人、外省籍三十一人」。[19]以建中為例，戰後的首任校長為臺灣籍的張耀堂先生，畢業於日本東京高等師範學校，曾任臺北州立臺北工業學校的教師並兼任校長，其應是符合「鄰校臺籍教員中挑選學識能力比較優良的暫時委派」之「一人兼任兩校者」與「本省籍二十五人」者。約七個月後，張校長因事辭職，家長會代表力邀臺灣籍留學日本東京法政大學，曾任臺灣大學與臺北師範學院教授的陳文彬繼任，陳校長應符合「鄰校臺籍教員中挑選學識能力比較優良」條件，而被派任省立中學校長。

然而，一九四七年初爆發二二八事變，建中學生事後發現「陳校長失蹤了，年輕的臺灣人男老師全部不見了，只剩下教音樂、繪畫、書法、體育及歷史的女老師及父親輩的臺灣男老師。來了許多外省籍老師。」[20]也有學生發現，「建國中學的氣氛與以前很不一樣。外省人雖然不怕再挨打，但是以前的一股驕氣現在都看不見。外省籍老師尤其有很大的變化，許多新老師剛從大陸到這裡來。」[21]二二八事變後，臺灣籍教師減少了，校園增加許多外省籍教師。陳文彬校長因聽聞建中學生參與抗議活動被捕，加上本人之前曾參與反日學潮與熱衷社會主義等背景遂遭到拘禁。[22]之後，由教務主任孫嘉時接續校長職務，再下一任校長為廣東籍梁惠溥先生。自一九四六年一月至一九四九年七月約三年半期間，建中共換四任校長。戰亂引發的政局與教育環境不穩定，讓校長頻繁更替，校務推動自然難有長遠規劃與發展。

不只是校長頻繁更動，教師的聘任資格也在政策規定的改變下，出現不同要求，這在當時時空背景下，反讓校長在聘任教師時擁有相當大的權柄。建中的數學教師傅禺老師記錄下當時自己的任職經歷：

教師檢定合格證書拿到手，給那個人事管理員驗看過，沒多久正式核下底薪，麻煩事卻沒完。檢定合格的是初級工業學校採礦科教師。這沒錯兒！因為教育部甄審合格的就是三年制工業專科學校畢業。雖然在長春念的那座學校，叫工學大學。也確實念足四年。一個初級工業學校採礦科教室在做普通中學上課，已經不合轍。何況新校長接事不久，又有人放出風聲，要專學專教，意思是學什麼的才得教什麼。採礦科的教高三物理，顯然錯轍。所以那個管理員看著我的檢定證書，一味搖頭。就在那個時候，開學一個多月，新班的學生們反應，說我教的物理他們不懂，吵著換老師。校長請我到校長室希望我換環境，並且幫我介紹學校，我只說考慮一下。回家考慮一天，決定賴著不走。任憑學校排到高三教數學，也正趕上初中缺個教數學的老師，總算站住腳。……想來，那位新任的賀校長也該體認出我當時的心腸。到三十九學年度開學，班級急遽增多，一氣兒增出十多班，增出夜校。而在前一個學期末，也竟毅然停聘十多位老師。難得的是對我照發了聘書，聘書還是親自送到家，也許我那一年初中數學教的還瞧得過眼去，當導師導的學生還上道。[23]

教師傅禺因欠缺中學教師檢定合格證書，尚未成為正式教師，一九四九年在學校人事出納和會計多次提醒下，被迫去教育廳辦理教師證。儘管已領到中學教師證，但因他的大學學歷是大陸東北長春的工業學校採礦科，建中的人事懷疑他是否具備教授高中物理的資格。再加上學生反映其教學成效不彰，賀翊新校長秉持專學專教的原則，希望他離職，甚至表示願意介紹他赴任新學校。然而，校方考量到他不願離開，只能讓他轉任數學科教師。沒想到，學校在新學年增設了十多個班級，校長雖停聘十多位教師，卻讓他繼續留在建中初中部教授數學。

上述傅禺老師的任職經歷，正可反映戰後初期師資欠缺的窘境。戰後初期，當日籍教員被遣送回國後，為滿足教員缺空，遂向內地徵聘教師。一開始擴大任用資格與廣為招聘代用教師，但當時建中的人事單位並未全盤將所有代理教師聘為正式教師，其教師任用似乎仍有一定標準。然而，從民國三十七年起限制代用教師任用員額，要求省立中學應多招聘來臺合格教師。[24]這個改變應是逼使傅禺老師需要正式教師證書，這也是建中人事把關正式教職資格的時空背景。根據臺灣省行政長官公署於民國三十四年十一月二十二日公布的「臺灣省中等國民學校校園甄選辦法」，[25]擔任高中教職者須是師範學院或師範大學畢業者、大學各院系本科或專修科畢業有一年以上之教學經驗者、專科或專門學校本科畢業有兩年以上之教學經驗者，與曾任本省高等學校或大學預科教員四年以上經主管教育行政機關考核認為教學成績優良者。上述四點傅禺老師皆不符資格。但最後學校聘任他擔任初中部數學老師，應是依據「臺灣省中等國民學校校園甄選辦法」第三條「專科學校或大學專修科畢業具有一年以上之教學經驗者」規定加以任用；傅老師教學成績受到校長肯定，自然亦是他繼續留任建中的因素。當時的校長具有極大的學校人事任免權，常可決定教員的去留，省議員曾多次藉由質詢提醒省政府應加以節制。[26]

根據傅老師的紀錄，建中曾在三十八學年度末期停聘十多位教師，又在三十九學年度開設十多班，想必又需新聘更多教員，當時需要大批教員的需求，這也是傅老師得以留任的原因之一。從表2可以明顯看出戰後三十五至四十一學年度新聘與離職教師的人數出現持續增加的趨勢。校園教師進出頻繁，顯見當時教育環境極不穩定。從變化的趨勢中，清楚看見兩個高峰，第一個為三十八至三十九學年度，第二個則為三十九至四十一學年度，傅老師得以聘任成為建中正式教師恰是在第一高峰時期。

根據表3，戰後初期並未大幅增設省立中學。當時省中入學需經過甄選考試，教育當局

表 2：戰後三十五至四十一學年度新聘與離職教師變化表 [27]

學年度	35	36	37	38	39	40	41
新聘教師人數	97	128	158	179	159	196	231
離職教師人數	22	35	79	120	107	126	149

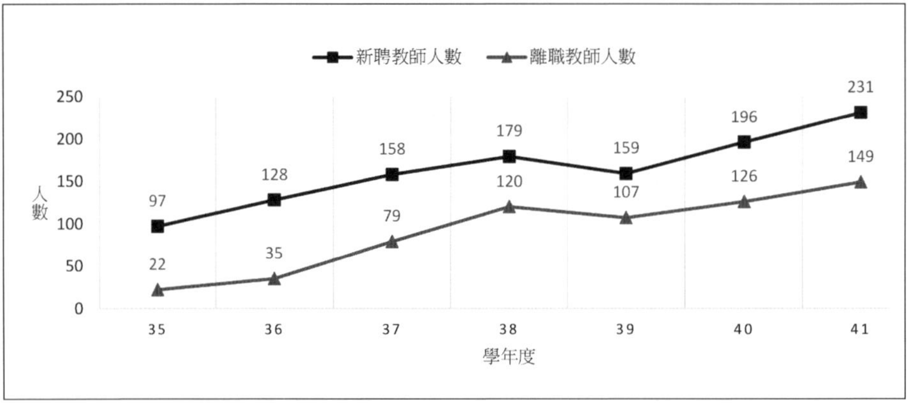

表 3：民國 34 至 44 學年度中等學校班級數與學生人數統計表 [28]

學年	34	35	36	37	38	39	40	41	42	43	44
中學校數 / 省立	137 /40	132 /35	122 /33	126 /34	121 /34	128 /35	129 /35	129 /42	133 /43	137 /48	145 /48
高中班級數	124	128	181	250	351	428	483	468	480	521	634
高中班級人數	4,987	4,503	6,519	9,936	15,667	18,866	21,303	21,046	21,793	24,198	30,043
初中班級數	717	746	965	1,270	1,298	1,322	1,352	1,468	1,706	2,023	1,725
初中班級人數	36,088	36,222	46,955	60,448	60,713	61,082	64,370	71,900	84,513	101,005	115,755

若想要擴班，一定能夠事先規劃並籌備相關配套方案。但此時的班級數卻大量增加，想必應是學生人數急遽擴增，迫使教育當局忽然在開學時迅速增班，甚至怕日間部容納不下，還開設夜間部學程。當時正值國共內戰逆轉的關鍵時期，許多外省民眾與公務人員為求避難，紛紛攜眷遷臺，尤以一九四九年下半年為最高峰，甚至比之前多出近一倍。[29]此時期初、高中的班級數與學生數都明顯增加，大批移民潮中的青少年學子有立即就學的需求，而當中也有不少需要一份穩定工作的成年人具備上述教師任用資格者。此時期的校長們掌握了極大的人事任用權柄，在不同考量下容易直接干涉學校教員人事的選用，這正是省議員質詢政府官員需要關注校長人事任用權的時空背景。

從傅禺老師的角度，戰後初期出現的新聘與離職教師波動的高峰，是讓他得以順利成為建中正式教師的機緣；而從建中聘用師資的角度來看，因為公立學校師資有著強固的穩定性，擁有人事任用權的校長恰可利用因應外省籍學生暴增、不得不擴班與甄聘教師的時機，廣納優秀人才。此時建中校長停聘十多位教師，若能新聘入優質教師，想必會對學校的師資產生「脫胎換骨」的轉變。

二、不安氛圍與失語的差別學習

建中校友蔡平里認為，戰後初期行政長官公署貪汙腐敗，亂發臺幣的錯誤政策使得米糧短缺、物價飛漲，這讓本以為脫離殖民統治後可以大展抱負的臺灣人，發現身處於另一個殖民統治社會，對國民政府擁護的熱情自然逐漸冷卻消失。[30]

傅禺於一九四八年十月擔任建中老師時的記述，正可反映戰後臺灣的物價如何飛漲：

物價飛漲，原本一個中學教員一個月的薪水可以買五百斤白米，後來變成只能買三百斤，之後一個月薪水卻只能買一百多斤白米了。問題還不在貴賤，好長一段時間是有錢買不到米，學校的食物配給又遲遲發不下來，每天才真是沒米下鍋。[31]

中學教員的月薪本可買五百斤白米，一個月後只能買一百斤，之後是有錢也買不到。加上食物配給不穩定，挨餓成為教學的日常，市場上生活物資價格數變與哄抬情形屢見不鮮。[32]物價劇烈波動，連帶影響人民的日常生活。政府為穩定物價，公告舊臺幣四萬元換新臺幣一元，並於一九四九年六月十五日改發行新臺幣，要求人民於當年十二月三十一日兌換完畢。直至一九五四年十二月中美防禦協定簽約後，美援陸續來臺，物價方趨於穩定。

一九四七年爆發二二八事件，事件後約一週，自外省來臺的教授們常無故被毆打，只有離臺一途。[33]半年後，省議員亦多次要求政府，允許那些在事件中無辜遭到逮捕的教育人員復職[34]，但未見政府相關單位有立即回應。在學生部分，建中校友提到二二八事件之後的白色恐怖時期，「抓匪諜或匪諜同路人的事件時有所聞，臺北車站常貼出槍斃匪諜的告示，在校內也常聽到老師與學生失蹤的消息」，當時「校園氣氛相當緊張，在這種情況下，我們只好專心念書，不胡思亂想」。[35]戰後政局的動盪不安，讓校園中的學習氛圍異常壓抑。

再者，國民政府於一九四九年陸續推動土地政策，其中針對私有土地強迫實施「三七五減租」及「耕者有其田」政策，更對當時的小地主造成重大衝擊。建中校友李正福回憶在「三七五減租」的政策下，農民收入減少，到了「耕者有其田」政策實施後，政府以七成稻穀換取三成四大公司的股票，向地主強迫收購土地。當時的農村地主在舊臺幣大幅貶值後，對股票根本沒信心，大部分地主皆以不到三成的價格賣掉土地。[36]物價波動與家庭財富的迅速縮減，直接影響了廣大民眾，導致社會瀰漫著不安氣氛。這種氛圍也感染了校園，對於學生學習造成負面影響。

學制的更改也影響了學生的學習意願。原本日治時期一學年分為三學期，現改為兩學期，於是規定一九四六年三月入學的新生須配合新學制的八月入學，強迫留級一學期。這個規定讓自認程度優異的學生感到顏面盡失。更多學生則抱持無所謂的態度，自恃已學過上課的內容，以為新學期只是重讀教材，多抱持玩心忽略功課，一不小心就被留級或退學。更重要的是，學校主要教導的語言，是這些學生學習與認識知識的基礎，但因為政權轉換而變更教學使用的「國語」，卻讓學習者陷入無助的困境：

當時我們最基本，最卑微的訴求就是校方的華語文輔導教育，從小一到小六的國文課程的補充學習和輔導，然而被漠視了。最諷刺的是學校對面，建功神社處高掛國語推行委員會的門牌，而隔壁是國語實驗小學，當時和我們都無緣，沒有幫上我們一點點的忙。事實上我們是被放羊了，只好各自尋找牧草去了。學校裡當年由張校長找來的臺籍年輕教師，係經過省訓團中學教育組三個月的短期訓練後站上教壇的，他們利用臺語和日語教學，偶爾插上幾句剛學來的華語。換言之，他們的華語能力高不了我們多少，他們有教師專業能力，就華語文的觀點而言，同樣是失語的一群。[37]

戰後臺灣教師能教導國語者甚少，學生能仰望的教師群多是僅接受短暫三個月的國語教學特訓，導致教學品質堪憂，熟悉日語和臺語的學生自然易屬於失語的一群，更遑論能憑藉如此貧乏的國語程度來學習思考。或許是當時學習國語環境太過惡劣，臺籍民眾曾經上書請願省議會，希望議會能勸說政府推行國語不要採取太過強硬與急切的手段，建議應以按部就班，且非強制性地引導國民自動學習國語的溫和方式。[38]但在落實「中國化」與清除「日本化」的政策主導下，學校依舊雷厲風行地落實國語教學政策，更易逼迫學生成為失語的文盲。傅禺老師記述了當時的混亂與困境：

教師講課把話盡量說慢，講到一個段落，先問他們懂不懂我說的話。說懂，但有人要求不要接著講，最好從頭講起。再問講的道理懂不懂。有的說懂，有的說莫宰羊，是我學會第一句閩南語，還有一句是哇卡立供。……當時的國文課用開明講義，裡面又是白話文、古文雜列，更使學生們混淆不清。上課當問他們聽不懂時，有人會正經地冒出一句：「聽他不懂！」得費很多口舌說明白，那是白話文，但不是國語，更教人頭疼的是物理課本上寫的又是半文不白。[39]

傅老師出身東北，因為具備一定的日語基礎，部分教材可以用日語跟曾經以日語為母語的臺籍學生溝通，甚至自己教書時夾雜幾句自己剛學的臺語。但他發現自己所講的國語，對於許多建中學生是「外語」，教學講課時常常不厭其煩反覆講解。甚至警覺讓學生學習撞牆的是國文課的文言文教學，這根本是有看沒有懂的「天書」。

蔡平里也回憶自己當時學習文言文或英語時異常艱辛的過程，都得要透過日語工具書先將課文中的「國字」藉由日語轉翻成羅馬注音，才能大致猜測這些「外語」的語音與文義。[40]為此，省議員曾要求政府應為臺籍學生編設適合其國語程度的國文教科書。[41]但教育當局置若罔聞，更為因應新的需要而陸續實施了讓教學環境更加惡劣的政策。

國共內戰局勢惡化，讓學習氛圍雪上加霜。表2中可以看見三十九至四十一學年度出現了第二波教師新聘與離職的高峰。表3也顯示此時期的高中班級數與學生數明顯增長，此或許與一九五〇年五月起部署於舟山群島與海南島的軍民撤退有關。[42]根據表3，四十三與四十四學年度又出現另一波學生增加潮，這或許是受到大陳島、一江山撤軍的影響。數萬撤退來臺的軍隊苦無居所，政府往往安排他們在校園暫時落腳，這自然大大地影響了教學品質，[43]甚至出現駐軍長達四個月，影響正常教學進度的推動與校園學習氛圍，導致學生留級人數暴增，達全校總人數六分之一的慘狀。[44]以建中為例，部分自舟山撤臺的軍隊也曾暫駐校園，教室淪為軍區，學校只好停課，正常上學時間學生竟是在街道各處亂逛。[45]

錢復大約是在一九四九年二月抵達基隆。他記得當時政府為安置大批來臺的外省青年學生舉辦了一項登記，好讓每個登記的學生都有學校可讀，只是分發的學校有出入。他的表哥、表弟都被分發到師院附中，他自己則就讀建中初三下學期E班，修畢初中的最後一學期。錢復在來臺前原本就讀由基督教公理會創辦、極富盛名的北平育英中學，他自認育英的程度到臺北來似乎沒有趕不上的感覺。[46]錢復在回憶錄提到的登記規定，應是指省教育廳於一九四九年一月二十七日訂定的《省外來臺學生入學處理辦法》，當時因來臺就學的學子激增，從小學到大學約有十萬人以上，為讓學生能穩定就學，故開設此方便的就學巧門。[47]

錢復就讀建中時恰好跟蔡平里同年。蔡平里記得，他初一進建中時，同屆全都是臺籍生，共三百五十人。但在充斥「外語」的嚴峻升學環境下，到初三時僅剩一百零八名。然而，建中卻在這一年先後填補了未經考試入學的外省學生，最後，這一屆的初中畢業人數依舊是二百五十人。儘管早已是陳年往事，但他對於戰後初期的臺籍學生的失語學習環境，至今仍滿懷積怨，認為此與二二八事件都是促成他日後省籍情結的原點。48

綜上所述，二戰後因應日籍教師的離職，長官公署一方面藉由教授國語強化中國化教育，以清除日治教育「餘毒」；另一方面，為滿足臺籍學生的就學需求，也向內地招攬師資，又透過短期國語訓練班培訓臺籍國語教師。雖制定了高、初中中學教師資格規定，卻為了滿足教學實際需求，放寬代用教師的任用，並允許校長擁有極大的人事任用權。二二八事件造成了更多臺籍教師的流失與外省籍教師離開，教師頻繁的更動，增添學生學習適應的困難。

戰後初期的物價大幅波動、土地改革、幣制變動與白色恐怖下的衝突緊張等，都造成了教學場域的不穩定與不安氛圍。教育當局為了安置因國共內戰逃離來臺的外省籍學生，只好臨時廣開班級並立即收納分發外省籍學生，此舉勢必得甄聘更多教師入校。政府當局的國語教育，給外省籍教師優於本省籍教師接受聘任的資格。當眾多外省籍教師以夾雜濃厚鄉音的國語授課時，卻意外製造出更多不諳國語的學習弱勢者。使原本接受日語教育的臺籍學生，對於政府強力推動的國語教學出現了適應不良的困境。置身在教室中、如同文盲般的失語者，一不小心就會被留級與退學。國共內戰後，外省籍人士隨著逃離潮遷移至臺灣，政府希望穩定教育解決失學問題的努力，但在臺籍學生的眼中，卻是臺籍的學伴在國語政策所造成極不公平的差別待遇下逐漸地被淘汰，外省籍同學卻不用歷經激烈的入學考試就能輕鬆就學，過往日治殖民時期差別待遇的厄運似乎又再度降臨。

三、太保學校

一九四八年，王正中就讀建中初中部一年級F班，上課第一天就發現班上同學年級差距甚大，不僅愛胡鬧、上課不用功讀書，多在談論男女之事，對於父親口中這所學校是日治時期臺北最好中學的說法，很不以為然。認為初一A班才是最好的班級，而自己的班級都是應付外省籍人士來臺臨時湊成的，故滿臉的不高興，[49]直到他在校園目睹這一幕，才驚覺自己班級還不算是最差的：

有個吊兒郎當的富家子，穿著上好料子的卡其布制服，把大盤帽弄的歪歪趴趴的，很帥氣，同學們跟著學；他隨身老是帶著一把亮晶晶匕首；在班上結黨成派，上福利社請客，出手大方的很。某次在紅磚大樓的二樓走廊上，富家子與一位同學口角，互不相讓。沒想到他突然掏出匕首來，對方並不示弱，冷笑以待，說：「有種的你就砍我呀！」嗖的一刀划（作者案：應是劃）過去，那同學的臉頰上見血。一個逃命，一個持刀緊追，走廊盡頭無路可走，逃命的縱身從二樓跳下去，落在草地上一個翻身就爬了起來，富家子也一躍而下，揮刀繼續砍。草坪剛剛有工人割過草，一把鋒利的鐮刀就躺在草坪上。受傷的同學抓起鐮刀，轉過身來就與富家子放對，互相虛砍了幾次。兵器的長短起了決定性的作用，富家子連連倒退，還是被鐮刀划開了上嘴唇，鮮血如注的流出來，他摀住嘴拚命的跑出校門去。據哥哥說，富家子自此沒有再出現過。[50]

上述是一九四八年就讀小學五年級的王正方，回憶起就讀建中初中部的哥哥王正中口述在學校看到同學手持刀械打架砍殺的情節。當時建中校園內高中部與初中部共處，高中部不

田長霖（前排右四）高三時的全班畢業照。

時發生太保學生械鬥事件。例如一九四九年初就讀建中初中部的錢復就記得，常有太保學生在植物園裡打架鬧事，讓放學要經過植物園的同學備感壓力。[51]國共內戰期間曾流亡至廣西的田長霖*，一九四九年來臺後進入建中就讀高中部，他也回憶起當時建中校園有十三太保。因為在校園裡面打架不方便，自己曾和太保學生們相約到植物園裡決鬥打架。[52]正因建中學生在植物園裡打架鬧事的情形時有所聞，校友回憶當時建中的校譽並不很好。[53]

＊注：田長霖為國際知名物理科學家，也是中華民國中央研究院院士，曾任美國柏克萊加州大學第七任校長（1990年－1997年），也是第一個亞裔校長。

校園充斥太保學生當然是教育亂象。省議員曾在一九四九年六月質詢教育廳長，應想辦法矯正校園學生集體鬥毆問題。教育廳長回覆，已經商請臺北各學校校長與訓導主任們採取同一步驟，並公布「制止毆打風氣應行注意事項」，要求各校遵行。[54]可見，此教育問題並非建中所獨有，應是當時教育現場的普遍現象。

一九五〇年就讀建中的謝孟雄回憶，當時學生素質良莠不齊，有一批隨著軍隊撤退來臺的太保學生，腳上的馬靴旁常藏有一把刀子，喜歡找人鬥毆。[55]王正方認為，這些學生跟本省的學生相比，年齡較大，各自經過不同的人世歷練，心智想法都與一般中學生不同。[56]

臺灣最早的外省青年幫派名「十三太保」；比「竹聯幫」、「四海幫」、「血龍幫」等要早的多。當時建國中學就有好幾位學生忝列「十三太保」的行列；二太保李同學、還有一位劉同學，是十三太保的老么，他孔武有力，武術底子強，膽子大，械鬥時亂揮日本軍刀，殺進殺出的創出了威名，單憑一個「狠」字！[57]

戰後初期的校園幫派當中，以外省青年為主的「十三太保」最為著名。當時建中校園有很多位問題學生，可說是「太保學校」。此是因政府播遷來臺時期，建中收納了許多從大陸遷移來臺的學生所致。這些外省學生曾歷經戰爭洗禮，逃離家鄉來到臺灣，有的因為家人出身軍旅，自身感染尚武習氣，在強調兄弟義氣的氛圍中，加上沒有成熟心智與專心學習課業的心態，若欠缺家庭支持和師長提醒，容易將自己在逃難期間習得的刀械防身武術運用錯途，甚至結黨成派成為社會問題。[58]

戰後初期，臺籍的本土流氓幫派在國民政府來臺後逐漸式微，政府除實施戒嚴外，又強力管制槍砲彈藥，正好給了使用刀劍冷兵器的學生幫派出頭的外緣機會。[59]而內緣因素除了年輕人講義氣、好為朋友出頭外，[60]勢單力薄的外省學生，曾因語言不通常受到本省人欺負，意氣相投者遂早在一九四八年就彼此組織以圖對抗自保。[61]北市建中、成功、附中三省中的若干學生，也於一九四九年個別加入「十三太保」、「小九盟」、「二十五盟」等組織，在校園裡橫行霸道。[62]竹聯幫要角陳啟禮回憶起他在中學期間之所以加入幫派，主要是因為「當時外省人學生與本省人學生時常發生衝突，外省學生為了自保於是結黨成派」。[63]戰後初期，自中國來臺的移民潮中，許多外省人多是軍公教身分，其子弟享有免試入學之特權，便引起了許多本省籍學生的不滿。再加上本省人對於統治者政策的種種怨懟，往往將這些外省人放入統治階級的共犯結構中，忽略了這群外省人來到臺灣的處境，多是身無恆產、離鄉背井。尤其外省族群生活的眷村又常隔離於本省社群之外，導致與社會逐漸脫節而孤立，他們的命運也出現極大差異：「上焉者進入體制成為菁英分子，中焉者踵繼父執輩腳步躋身軍旅，下焉者混跡幫派，成為體制外的游離力量。」[64]由此可見，戰後初期為了因應龐大逃難潮而出現的教育動盪，激發了本省籍與外省籍的對抗情結，成為雙方學生學習階段的創傷。

石厚高回憶起他在一九五二年就讀建中夜補校初中部時，班上一位令他印象深刻的太保同學：

> 我們班這位太保常打架，那時候要剃光頭，大家都是推子推的，他是用刀刮的。他個子高大，穿著在基隆買來的皮鞋，那是從韓國運來的美軍皮鞋，鞋後跟有釘子，走起來響聲很大很神氣。[65]

當時正值韓戰，這位太保學生買到從韓國運來的美軍皮鞋，或許是出於新聞熱潮的跟風心態。當時夜補校的學生素質與讀書風氣不如日間部，常發生校園衝突，亦是幫派成員的大本營。[66]太保學生的刻意打扮與「神氣」舉止，或許是想要吸引更多同學的注意和效法。這恰可說明學生「加入幫派，除了有依託、倚靠、保護、互助作用的團體意識外，同時也帶有一點時髦感，是當時一些血氣方剛的青少年尋求認同的一種選擇。」[67]十三太保在一九五一年鬧得最響亮，成為全島學生幫派的仿效對象。例如，一九五三年時有家長觀察發現，本省籍學生有喜歡攜帶銳利小刀的習慣，甚至有的私帶鋼鞭與手槍。[68]可見太保學生風氣已經蔓延開來，日後出現在各級學校的太保學生，已逐漸脫離戰後外省籍學生遷臺所引發省籍情結的衝突與力求自保的歷史脈絡，直到一九五七年仍是令教育當局頭痛的問題。[69]就如同本章一開始所引用的報紙社論，此時太保學生之所以會出現，除了省籍衝突外，尚須從升學主義高張的情況下，弱勢學生尋求自我認同和反抗的相互連結來理解吧！

注釋

1 〈學年開始的教育新課題　校風、德育與國語國文〉，《聯合報》，2版，1951年9月17日。

2 臺灣省行政長官公署教育處，《中華民國三十五年度臺灣省行政長官公署教育處工作計劃》（臺北市：臺灣省行政長官公署，1946），頁211。

3 薛月順編，《陳誠先生回憶錄：建設臺灣（上）》（新北市：國史館，2005年），頁6。

4 薛月順編，《陳誠先生回憶錄：建設臺灣（上）》，頁77。

5 劉維開，《蔣中正的一九四九——從下野到復行視事》（臺北：時英出版社，2009年），頁221-222。

6 薛月順編，《陳誠先生回憶錄：建設臺灣（上）》，頁88。

7 薛月順編，《陳誠先生回憶錄：建設臺灣（上）》，頁114。

8 臺灣省政府教育廳，《進展中的臺灣教育》（臺中市：臺灣省政府教育廳，1956），頁1。

9 臺灣省政府教育部，《臺灣省第一屆全省教育會議實錄》（臺北市：臺灣書局，1948），頁21-22。

10 子于，《建中養我三十年》（臺北市：大地出版社，1980），頁2。

11 高雄市立高雄高級中學校友會編輯小組編，《一個實事求是的教育工作者：辦學紀要》（高雄市：編者，1980），頁113-114。

12 子于，《建中養我三十年》（臺北市：大地出版社，1980），頁38。

13 財團法人中國主計協進社編，《中華民國主計史》（臺北市：編者，2002），頁170、178、179、184。
14 教育部教育年鑑編纂委員會編，《第三次中國教育年鑑》（臺北市：正中書局，1957年），頁59。
15 歐素瑛編，《臺灣省參議會史料彙編：教育篇（一）》（新北市：國史館，2004年），頁139-140，142-143。
16 臺灣省政府教育廳，《進展中的臺灣教育》，頁21-22。
17 臺灣省行政長官公署教育處，《臺灣一年之教育教育》，頁7-8。
18 臺灣省行政長官公署教育處，《臺灣一年之教育教育》，頁29-30。
19 臺灣省行政長官公署教育處，《臺灣省教育概況》，頁75。
20 蔡平里，〈紅樓殘夢之二十七——解密之四〉，頁34。
21 張光直，《蕃薯人的故事》（臺北市：聯經出版社，1998），頁47。
22 臺北市立建國高級中學，《建中世紀》，頁34-35。
23 子于，《建中養我三十年》，頁24-28。
24 黃季仁，〈本省的中等教育〉，《臺灣教育輔導月刊》1：1，頁15。
25 臺灣省行政長官公署教育處，《臺灣省教育概況》，頁78-79。
26 歐素瑛編，《臺灣省參議會史料彙編：教育篇（一）》，頁144。

27 中國教育學會臺灣分會，《臺灣省中等教育學校師資實況調查報告》（臺北市：中國教育學會臺灣分會，1954），頁 9-10。
28 臺灣省政府教育廳編印，《進展中的臺灣教育》（臺北市：臺灣省教育廳，1956 年），頁 22-24。
29 林桶法，〈戰後初期到 1950 年代臺灣人口的移出與移入〉，《臺灣學通訊》103 期（2018-01-10），頁 5。
30 蔡平里，〈紅樓殘夢之廿六 - 解密之三〉，《建中校友會刊》，39（2010），頁 38。
31 子于，《建中養我三十年》，頁 2。
32 子于，《建中養我三十年》，頁 18。
33 歐素瑛編，《臺灣省參議會史料彙編：教育篇（一）》，頁 436-438。
34 歐素瑛編，《臺灣省參議會史料彙編：教育篇（一）》，頁 179、205。
35 李正福，《李正福自述 - 兼談臺灣與亞太地區經濟前景》（臺北市：華泰文化，2000），頁 25。
36 李正福，《李正福自述 - 兼談臺灣與亞太地區經濟前景》（臺北市：華泰文化，2000），頁 18。
37 蔡平里，〈紅樓殘夢之廿六 - 解密之三〉，《建中校友會刊》39（2010），頁 38。
38 歐素瑛編，《臺灣省參議會史料彙編：教育篇（一）》，頁 286-291。
39 子于，《建中養我三十年》，頁 11-12、13-14。
40 蔡平里，〈紅樓殘夢之廿六 - 解密之三〉，《建中校友會刊》39（2010），頁 39-40。
41 歐素瑛編，《臺灣省參議會史料彙編：教育篇（三）》，頁 115。

42 林桶法，〈戰後初期到 1950 年代臺灣人口的移出與移入〉，頁 6。
43 凌季馨，〈學生假期訓練及作業問題的商榷〉，《教育通訊》復刊 1 卷 2 期（1950 年 6 月），頁 11。
44 歐素瑛編，《臺灣省參議會史料彙編：教育篇（三）》（新北市：國史館，2006 年），頁 619-620。
45 王正方，《調笑如昔一少年》（臺北市：印刻出版社，2022），頁 91。
46 錢復，《錢復回憶錄（卷一）外交風雲動》（臺北市：天下文化，2005），頁 29-30。
47 〈省外來臺各級學校學生入學處理辦法〉，《臺灣省政府公報》，1949 年春字第 22 期，頁 282-284。
48 蔡平里，〈紅樓殘夢之三十二 - 落日故人情〉，《建中校友會刊》第 44 期（2015）年，頁 44。
49 王正方，《調笑如昔一少年》，頁 69。
50 王正方，《調笑如昔一少年》，頁 71。
51 臺北市立建國高級中學，《建中世紀》，頁 269。
52 臺北市立建國高級中學，《建中世紀》，頁 234-235。
53 萬其正，〈建中二三事〉，《建中校友會刊》，第 44 期，2015 年，頁 31。
54 歐素瑛編，《臺灣省參議會史料彙編：教育篇（三）》，頁 49-50。
55 臺北市立建國高級中學，《建中世紀》，頁 264。
56 莊德仁，〈賀翊新校長與建國中學（1949-1954，1957-1967）訪談〉，《建中校友會刊》第 50 期（2021 年），頁 15。
57 王正方，《調笑如昔一少年》，頁 73。

58 像外省幫派竹聯幫重要創辦人柳茂川在回憶錄中提到，家族成員的軍旅背景讓他從小就懷抱尚武精神。柳茂川，《竹聯：我在江湖的回憶》（臺北市：大是文化，2020），頁 51-53。

59 陳長風，《竹聯幫與臺灣黑社會》（北京：檔案出版社，1988），頁 29-30。柳茂川，《竹聯：我在江湖的回憶》，頁 269。

60 柳茂川，《竹聯：我在江湖的回憶》，頁 47。

61 〈治安當局解散流氓組織〉，《中央日報》，1952 年 6 月 25 日。

62 〈新太保橫行無忌　學生們徒喚奈何〉，《自立晚報》，1952 年 10 月 10 日。

63 陳啟禮，維基百科 https://zh.wikipedia.org/zh-tw/%E9%99%B3%E5%95%9F%E7%A6%AE#cite_ref-tvshow3_1-2。張安樂曾在專訪中提到竹聯幫的創幫元老陳啟禮與周榕等外省人，都是在求學期間被本省人欺負，憤而反抗並加入幫派。見：歷史明鏡——張安樂　何頻：幫派是怎樣打出來 https://www.youtube.com/watch?v=NTPcmkawIP4。

64 李世偉，〈邊緣的呼喚——「牯嶺街少年殺人事件」觀後記〉，《海峽評論》第 16 期（1992 年），頁 63。

65 臺北市立建國高級中學，《建中世紀》，頁 200

66 外省幫派竹聯幫要角張安樂曾回憶他就讀建中夜間補校時，復學第一天回校，兄弟互瞄，不爽就大打出手，他是在此時加入竹聯幫。當時補校很多被退學的學生多曾加入臺北各路幫派。曾芷筠，〈張安樂專訪：江湖大哥的光復節〉，《鏡週刊》，2016 年 11 月 https://www.mirrormedia.mg/

story/20161114pol001/index.html。

67 柳茂川，《竹聯：我在江湖的回憶》，頁47。

68 季成，〈一個學生家長對初中教育的意見〉，《臺灣教育輔導月刊》3：7（1953年7月），頁16。

69 張世祿，〈就當前學風問題談訓導工作〉，《臺灣教育輔導月刊》7：9（1957年9月），頁28。

第四章

重返第一志願

在臺北市立建國高中校門正後方紅樓入口處的左側門柱上於一九五五年刻載的「紅樓銘」，是六十多年前著名國文老師畢無方先生以詩經筆法撰寫，紀念賀翊新先生作為戰後第五任校長的重要治校理念和豐碩成果。

赫赫黌宇　髦士三千　薰陶入座　恐後爭先
大而化之　賀公是瞻　金石貞固　永記年年
賀公仲弼主校，六載春風廣，作育有方，當離別，群情悽愴之詞，刻石勛勤為垂紀念。建國中學全體學生　三七五四人敬勒。

中華民國四十四年元月

賀翊新校長是河北故城縣人，北京大學國文系畢業。曾擔任建中第五任與第七任校長，長達十四年九個月，為迄今任職最久的校長。銘詞中提到「**髦士三千**」，是說賀校長在結束第五任任期時，建中日夜間部的學生人數已破三千人之眾。「**薰陶入座恐後爭先**」應是指賀校長此任期最為人稱道的政績，他將原本太保學生充斥的建中改造為青年學子爭相競讀

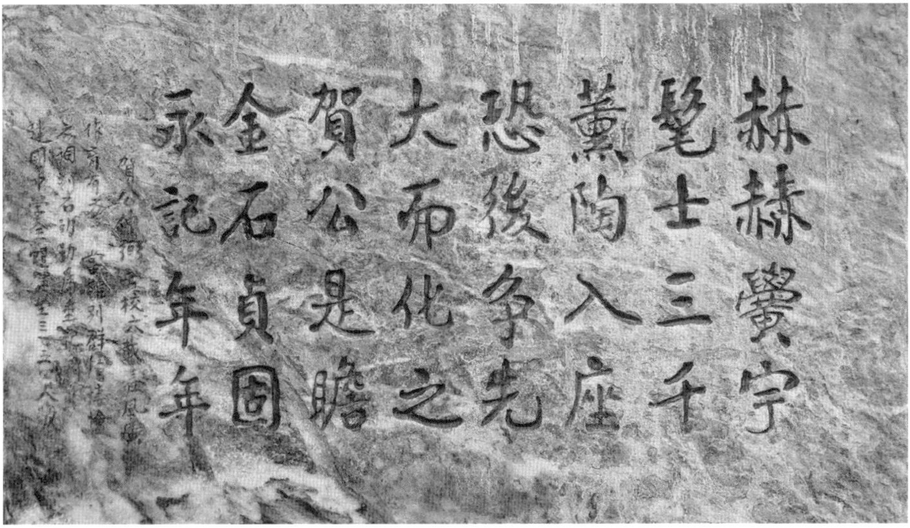

臺北市立建國中學紅樓賀翊新校長銘文正面。

的第一志願。[1]「大而化之」，出自《孟子・盡心下》：「可欲之謂善，有諸己之謂信，充實之謂美，充實而有光輝之謂大，大而化之之謂聖，聖而不可知之之謂神。」孟子用「大而化之」描述人格轉化與感化的魔幻、玄妙歷程。畢老師為知名國學家，他以「大而化之」來形容建中成為第一志願的歷程，是否意味著建中成為第一志願並非純然是焚膏繼晷、戰戰兢兢方告成功的經驗？建中在這段介於充實而有光輝般「偉大」，與聖而不可知「神奇」之間的歷程中，究竟如何轉化、脫胎換骨成為第一志願？

一、都是第一志願

現在的師大附中，日治時期的校名為臺北州立第三中學校，學生主要是日本人。戰後初期改名為省立臺北和平中學，除了教育中學生外，還擔負著中學教育的實驗研究與示範工作。此校亦為省立師範學院學生的實習場域，因此於三十六學年度將和平中學改名為省立師範學院附屬中學。連戰在回憶錄中提及當時選擇中學志願的考量：

民國三十九年，我從成功中學初中部（第六屆）畢業，一口氣報考三所省立中學的高中部，都獲得錄取。這三所中學，包括省立臺北建國中學、省立師範學院附屬中學，以及我初中就讀的省立臺北成功中學，它們分別改自日據時期臺北州立第四中學校（因將州立第一及第三兩中學校之本省籍學生合併編入，故一般亦認為建國中學的前身即是日據時期的州立臺北一中）、臺北州立第三中學校，及臺北州立第二中學校，當時這三所省立中學在家長及社會大眾的心目中，不分軒輊，都是臺北最好的中學，幾乎是「三強鼎立」。我因為在成功中學念了三年初中，想利用升高中的機會更換學習的環境，恰好那年省立師範學院附屬中學高中部是第一個放榜，加上感覺上師院附中的「動感」較強，甚符合我的性向，於是我自己作主選擇了師院附中。[2]

一九五〇年，連戰自成功中學初中部畢業。當時臺北市的省立高中男校有三間，加上北一女與中山女高，合稱為五省中。當時的省中採取個別招生，少數幾所省中人滿為患，家長和學生都以進入這幾所中學作為考取大學的保證。[3]再者，考上臺大等著名大學的學生，多出於幾所著名的省中，以致家長多迷戀省中而不願選擇縣市立及私立中學，這種現象在臺北市地區最為顯著。[4]戰後初期，北市中學「第一志願」卻是呈現混沌未明狀態，連戰最後選擇高中就讀附中，錢復亦曾將附中視作「第一志願」，[5]田長霖則認為社會普遍視建中與和平（附中）齊名第一。[6]

當時也有學生將成功中學視為「第一志願」。李鳴皋因國共內戰來臺，但因拿不出國中畢業證書，只能先到建中夜補校就讀高一，隔年再參加升高中入學考試。原本應該就近讀附中，但聽說附中的訓導主任嚴格要求學生須理光頭，於是在一九四八年改進成功中學高中部。[7]成功中學初中部亦是當時不少人求學的「第一志願」，建中校友東方白（林文德）認為，那時「太孫」蔣孝文就讀成功，所以「全臺北市最吃香的中學應該算是『成功中學』」，他因為報考成功中學名落孫山，之後考取建中。關於當時莘莘學子報考初中的「盛況」，他清楚記錄下當時報考臺北市初中入學考試的激烈競爭：

我依序投考了「北商」、「成功」、「建國」、「大同」、「開南」等學校，「北商」最先考，所以幾乎所有臺北市應屆的小學畢業生都去報考，考場人山人海，擠得水泄不通。因為只收一班，考取的當然都是全是上選之才（不包括我，我名落孫山），既然考得上「北商」其他名校也如「桌頂捏肝」，輕而易舉。結果榜上錄取與備取的學生，幾乎沒有一個去註冊，只好在全臺北市所有中學入學考試之後重新招生，再舉辦一次臺北市最後的一次入學考試。[8]

當時因學校皆採個別招生，害怕名落孫山以致失學的小學畢業生只能每一間都報考。其中「北商」考試最早，儘管考試當天人山人海，但所有的考生都把北商當作是「練筆試考」，因為大家最想讀的還是繼續高升大學的省立中學，尤其成功中學是當時很多人心目中的「第一志願」。北商最後幾近無人註冊，不得不再重新招考。

建中校友朱再發回憶起戰後的五省中時期，建中、和平（附中）、成功這三省中都是個別招生，各自擁有優秀學生，彼此水準差不多。[9]因考期由各校決定，有時候會撞期，考生只能選擇其一，誰是第一志願，在社會上並無公論，只能由考生與家長們自由心證。自然也有認為建中最好，因為在日本時代它就是第一志願。父執輩都認為建中第一，所以那時候讀建中感覺很光榮。[10]若從當時的報紙媒體觀察，與其他省中相較，當時社會大眾對建中生的印象並非是學業上的傲人成就，多半是拾金不昧與號召捐血充實國防血庫運動，諸如此類的品格與愛國行動。[11]甚至有校友表示，當時建中紅棕色的外套校服曾被鄰居的同齡學生著實奚落過一陣，覺得作為一名建中生並沒有任何值得趾高氣揚之處，反而有時自慚形穢，毫無光榮之感。[12]由上可知，臺北市的省中因未有聯招入學考試，當時社會上對於「第一志願」並沒有普遍且清楚的界定標準。很多人選擇學校都是非關升學的因素，實可謂都是「第一志願」！

二、準備做番大事業的賀校長

廣收嚴刷

許多教師與學生回憶起戰後初期動盪殘破的教學環境，普遍認為自賀翊新校長於一九四九年八月到任建中後，百廢待舉的校務方陸續到位。比賀校長早一年任職建中的傅禺就清楚發現賀校長任職前後學校的不同，深感「他是有備而來準備做番大事業」。[13]為了因應就學人口激增，政府提出了增班政策，在其他學校拒絕之際，賀校長反其道而行，全力配合當局政策擴大招生。於是建中開始招收女學生，成為臺灣中學校男、女同校之先例。戰後建中於一九四五年復校，之後恰逢國共內戰與兩岸分裂，來臺人數迅速增加。自一九四六年起招收男女學生二百餘名，班級數從高、初中共十四班增加至二十一班，並創臺灣中等學校男女同校之先例。這種男女同校自一九四六年起一直到一九六二年。從現存一九五一年與一九五二年畢業紀念冊可見一開始高中與初中部也招收女學生，之後女學生僅就讀建中初中部與補校和夜間部。因戰後初期社會多流傳省立中學辦學較優的觀念，以致省立學校人數爆滿，為解決生員眾多與學生通車勞頓之苦故有增設分部之舉，初名為臺北市五省立中學中和聯合分

建中也有女學生（出自1951年畢業紀念冊）。

部，中和分部成立於一九五五年九月二十一日正式上課。其他臺北五省中也紛紛設立分部，建中則負責中和分校（一九五五年～一九六三年），設在中和南勢角，成功中學則設在桃園，師大附中設在木柵，北一女設在新店，北二女設在汐止。當時建中中和分校除市區、市外學生兼收外，也兼收男女生，但是班級數很少。一九六三年因為人口增加，各分部宣布獨立，建中分校改為臺北縣立中和初級中學，建中分校遂成為歷史名詞，曾招收女生一事也為人所淡忘！建中分校第一屆初中部只有二班共一百零四人，男生一班，另外一班是男女合班（女生只有十四位），高中部男女合收一班共六十五人，第二屆起，就不收高中生了。此後分部僅收初中生，第二、三、四屆都各招收男生二班，女生一班。第五和第六屆則招收男生三班，女生二班。

除了日間初中部與高中部外，又逐步增加補校與夜間部、工商職業補習班、僑生班與中和分部。在賀校長長達十四年九個月的任期裡，建中學生數高達六千五百人之多，為全國最大的中學。[14]建中也因配合容納流亡學生的政策，招收學生甚多，省政府特給予五百萬以作維修嚴重損毀校舍之用。[15]

面對廣納學生素質良莠不齊的問題，賀校長師法天津私立南開中學「廣收嚴刷」制度，開除不少違規學生。[16]校友白先勇回憶當時學校訂定嚴謹校規，無懼權貴關說且大公無私地執行。[17]王正方印象最深刻的是，當時總統的孫子來建中讀書，學校規定要剃光頭，但蔣孝文捨不得一頭美髮，希望學校通融。沒想到當時訓導主任韓克敬老師（外號閻王）堅持全校學生一視同仁，直言「若蔣孝文不配合，不是蔣孝文走，就是我走」，最後只好請蔣孝文轉學到另一所省立中學。[18]錢復認為，賀校長因有得力的左右手，方能順暢推動校園改造，教務佟本仁主任跟校長一樣講話慢條斯理，待人客氣，因為好脾氣所以能網羅多位優秀的老

1950 年代的賀翊新校長身影。

師；訓導韓克敬主任處理學生事務大公無私，因他們兩位寬嚴並濟，才能造就建中的優良學風。[19]

錢復坦言，對於教師們教學嚴格，「當時覺得恨」，讓同學備感壓力，[20]嚴格篩選下補考人數多，淘汰率高，同學們都警覺到「主要競爭的對手就是留級，我們盡力要擺脫它」。[21]此後，打架鬧事的太保學生減少許多，上課時同學們不再胡鬧，學業成績普遍提升，校風隨之改變。[22]他更確立要打造建中為以升學為目的的普通高中，在上下一心努力下，創造近乎百分之百的升學率。[23]

廣納名師

賀校長是按部就班、循序漸進地在改善建中校務。他在嚴格處理豪門子弟校外鬥毆事件後，馬上明快提出「專學專教」原則，也就是「學什麼，教什麼」。嚴格挑選教師下，此後連續三年自動離職與未獲聘任的不適任教師竟高達三十多位。[24]如此大的師資缺口，要從何處補齊？一九四九年國民政府倉促決定播遷臺灣，當時全臺僅有一所大學與三間學院。[25]大陸有許多一流人才為求安身立命，多願意屈就第二等或第三等工作。賀校長曾擔任河北教育廳廳長，在教育界素有豐富人脈，他敦聘網羅這些具備豐厚學養，但未能如願執教大學的名師入校，暫時解決師資荒，[26]改善教學環境。

例如延攬早在大陸聞名全國的車乘會與吳治民兩位老師，他們在一九四九年合編了臺灣第一本高中化學課本，「不僅奠定建中在自然科學發展的基石，更促使建中逐步穩坐第一志願」。[27]另外，數學科王文思、丁振成、地理科王洪文、國文科余和貴老師等，皆是學養豐富、溫文儒雅，更重要是上課不照本宣科，根本不用看課本就可以把道理講清楚。[28]這些名師不僅對教材滾瓜爛熟，甚至都可以自編教材；這點在欠缺優質師資與教材的當時顯得特別重要。

然而，就在賀校長品質控管，努力招聘優質教員之際，省政府卻一方面通知有關機關特准就業考試未及格之大學或學院畢業學生，現可准予聘任為中學教員，[29]另一方面召開教師資格核定會議，讓已具教學資格者任職，積極增添教員。[30]或許是為了因應一九五〇年舟山群島與海南島的棄守撤軍，迫使臺灣中學需容納更多流亡學生與臨時增聘教師的需求，為填補教師嚴重的缺額，只好採用急就章方式來滿足眼前的空缺，可見師資必然是參差不齊，其專業程度屢屢受到質疑。[31]更有甚者，當時甚至還常常出現教材水準不一，課本內容前後矛盾、頻生錯誤的景況。[32]要解決此困境，只能仰賴學科專家方能不以訛傳訛，當然也只有專家才可以跳脫教科書框架進而施展學科本質，因應學生個別差異給予適當指導、循循善誘，這樣的教學品質遠遠超越教科書內容所能提供與滿足。如此一來，自然就逐漸拉開建中與其他學校教學品質的差距。

賀校長為讓這群臥虎藏龍的教師們，肯「屈就」教導中學生，藉由改建校舍，滿足流亡教師的住宿問題，以致建中校園充斥著違章建築，[33]因許多新進同仁都是河北籍，又被戲稱建國中學是河北大院。[34]

這間房間是在游泳池旁邊的一排矮房，原是學校的儲藏室，用木板隔成數間，就成了我們這些初來臺的員工宿舍了。房間潮濕黑暗，為了把它修整適於居住，買了些紙張、麵粉與刷子，把漿糊也準備好了。[35]

教師們住在克難式木造的「危樓」裡，為求安全，只好禁止引火燒飯、燒水，諸多不便下自然招致教師的抱怨。賀校長總是堆滿笑臉地說著：「這是臨時的，請暫時忍耐！一時國家多難，反正大家全是逃難的勾當，同舟共濟！」甚至還補上一句「反正我們馬上要反攻大陸了」。[36]

不少教師歷經抗日戰爭並從事敵後地下工作，「國家民族觀念極重」。[37]甚至教師因自己經歷過國家危難，曾為國出生入死，多懷抱著犧牲奉獻的情懷。且賀校長廣收流亡學生，面對與自己相同處境的年輕學子，更讓他感悟「教育青年學子，為國育才，也是最有意義的事」。[38]賀校長巧妙喚起教師們逃難的共同舊記憶，試圖安撫教師們對物質環境的不滿。甫經戰亂的流離失所，能夠過著「安然適宜」的生活，應是當時教師們的集體盼望：

逃怕了，也逃煩了。雖然窮在學校，總是過了幾月安定日子。另一面大家都窮，大夥窮到一起也照樣窮出樂趣，正像這座大木房子在破爛的校舍間，自有他的安然適宜。[39]

賀校長不僅落實行政服務教學，充分尊重學術專業；又想辦法介紹家教，協助教師課外輔導學生並同意收取費用，以改善教師們的物質生活。[40]賀校長對建中教師們的用心照顧，這樣的領導施為充分體現教育乃助人志業的真諦，已超脫資源上的交換，是種人與人真誠親密關係的建立。賀校長構築起一個有溫度的校園，不斷強化學校是教師們之「避風港」的隱喻，為建中教師提供了安全感與歸屬感。如此，教師們能更專心於教與學上，而這正是深化學校改善的主要關鍵。

在白色恐怖時期，不少老師因故涉案，但賀校長仍願意冒險聘任。例如知名化學老師吳治民因親戚關係被捲入匪諜案而入獄，假釋後賀校長器重他的教學長才，繼續延聘他在建中任職，此後作育英才無數，最有名的學生是榮獲諾貝爾物理獎的丁肇中。[41]也有懷才不遇的教師因常批評時事而引來情治機構的關注。例如，當時的數學老師譚嘉培，譚老師的外號是譚幾何，因為他的幾何教得特別好；又因為教學嚴格而被稱為譚老虎。他常在課堂上批評政府，據說情治機構對他進行調查，私下警告過他，而相關人士也曾找賀校長談話。譚老師知道之後就去見賀校長，表示自己若對學校帶來麻煩，他立即請辭。然而，賀校長向他保證，不會有事的：你的教學成績很好，請繼續安心教學。賀校長說：「你就放心地好好教書，這些我幫你扛！」[42]

賀校長聘任教師來建中執教，主要以教學能力作為考量。雖然這樣的考量讓建中教師臥虎藏龍、形形色色，但教師們也各有自己的打算，傅禺曾提出他的觀察：

> 老師裡面確實有幾種，有一種是只管上課，下了課什麼全不管了，對學校的措施，不管什麼一律說冷話，有一種吃誰恨誰的氣派，尤其不把別人罵下去，顯不出他的高來，把我們這些混頭混腦的人當成狗食，全是上不了大臺面的賤貨。有一部分也許說對，有些老師是把教中學作一時的墊腳石，避風的窩兒，只想往上走，有的出國，有的得到學位搔蹭到大學去教書，自然不屑於我們這些不求上進，教中學也教得心滿意足的人為伍，尤其我們還興高采烈、高高興興的模樣，也該使他們氣憤，

因為他們全是整天板著臉，甚至哭喪著臉，像誰都欠他們的錢似的。[43]

有的教師把建中當作避風港或墊腳石，有的視作安樂窩。但無論他們懷著何種心情或打算，賀校長總有辦法讓他們安穩地在建中服務作育英才。退休教師們多追憶賀校長尊重、禮遇教師的事蹟，更增添賀校長用人唯才、不懼權威關說的魄力形象。

相傳國立臺灣師範大學還未改制大學之前，劉真院長曾商請當時臺灣省省主席周志柔將某優秀畢業生派往建中。但賀校長直接把派令送還中央黨部，並請祕書長轉交周主席。賀校長說明，在聘任未改為派任之前，他尊重制度不方便接受。對此，周主席也就不再過問了。另外，黃杰在時任省主席時曾有意更動建中校長，當時蔣中正總統在黃主席陪同參觀歷史博物館時路過建中，他只是隨口問了一句：「建中還是賀校長嗎？」黃主席便也不再提此事了。[44]教師間流傳的這些「傳奇」故事，除了肯定賀校長是真心實意辦學的教育家，願意作為學校教職員工的穩固靠山，也間接形塑了賀校長是能辨識千里馬之伯樂的形象，大家自然以能在建中教書為榮。

再者，大家公認賀校長聘任教師的嚴格程度極高。他會主動挖角成名的老師，未成名的除了要先口試，待聘任到校會先從代課開始，學生滿意後才給聘書，一概不接受大人物的推薦。曾經有一位數學老師，因為補習班課多所以常常遲到。學生向賀校長反映此事，賀校長便反問班長，老師教得如何？同學們都肯定老師的教學，賀校長遂在老師上課的班級等他。等遲到的老師到了教室後，賀校長上前去對他一鞠躬，握住了他的手說：「謝謝您。」從此這位老師就不再遲到了。[45]

在《想像的共同體：民族主義的起源與散布》一書中，提到在南美洲和東南亞新興民族國家的形成過程中，被殖民者往往熱衷於到殖民母國的權力核心，也就是首都「朝聖」。被統治者之所以會頻繁從事這些旅行，乃是「因為他們『感覺到』那是他們的首府，而這事實上解釋了為什麼『我們』會『一起』在『這裡』。」[46]上述被殖民者的朝聖之旅，勾勒出被殖民者在專制統治下如何臣服於權力，將屈辱轉化為認同的心理。如同首都是國家的權力核心，那校長室自然是學校的「首都」。戰後初期，在威權統治下，校長往往擁有極大的人事任用權。然而，賀校長領導教師時不以威勢壓迫，而是尊重以對。

退休老師簡孝質直言，之前附中是第一志願，賀翊新接掌兩年後就改變過來。因為當時臺灣還存有日治時期遺風，某校長不尊重同事，導致許多人才離開，賀校長遂禮聘許多優秀老師。[47]資深教師焦毓國提到：戰後初期臺灣中學校長室的大辦公方桌上，都擺著一只小鈴，這是方便「專供校長傳喚工友，傳達校長意旨而設」，賀校長似乎從未用過，也未曾在校長室傳喚教師。因為他都是親自去老師們的大辦公室，或坐或站地跟教師們溝通意見與聯絡感情。[48]盧毅君老師坦言，當時建中名師如林，但都在建中專任不忍辭職，就是怕校長不悅而只在大學兼課。[49]

服務領導

「學生至上，課業第一」正是賀校長治校原則。[50]學生們應該都感受到了賀校長的心意，所以建中學生也常敢去校長室找他。然而，他們似乎不是試圖將屈辱轉化為認同，而是去爭取自由與權利。當時嚴防匪諜滲透，學校老師常覺得自己有負責管束學生思想的責任。當時某班學生製作壁報，張貼紀念「五四運動」的文章和漫畫，某老師認為五四運動是滋養共產主義的溫床，遂公開撕毀壁報。不服氣的學生跑到校長室上告賀校長，賀校長在聽完兩造的意見後裁定：沒收的壁報應立即發回。同學們將它修修補補之後又貼上去了。另外，初中部的同學按照規定繳交童軍費，但學期即將結束，卻沒有舉辦任何童軍活動。同學們到校

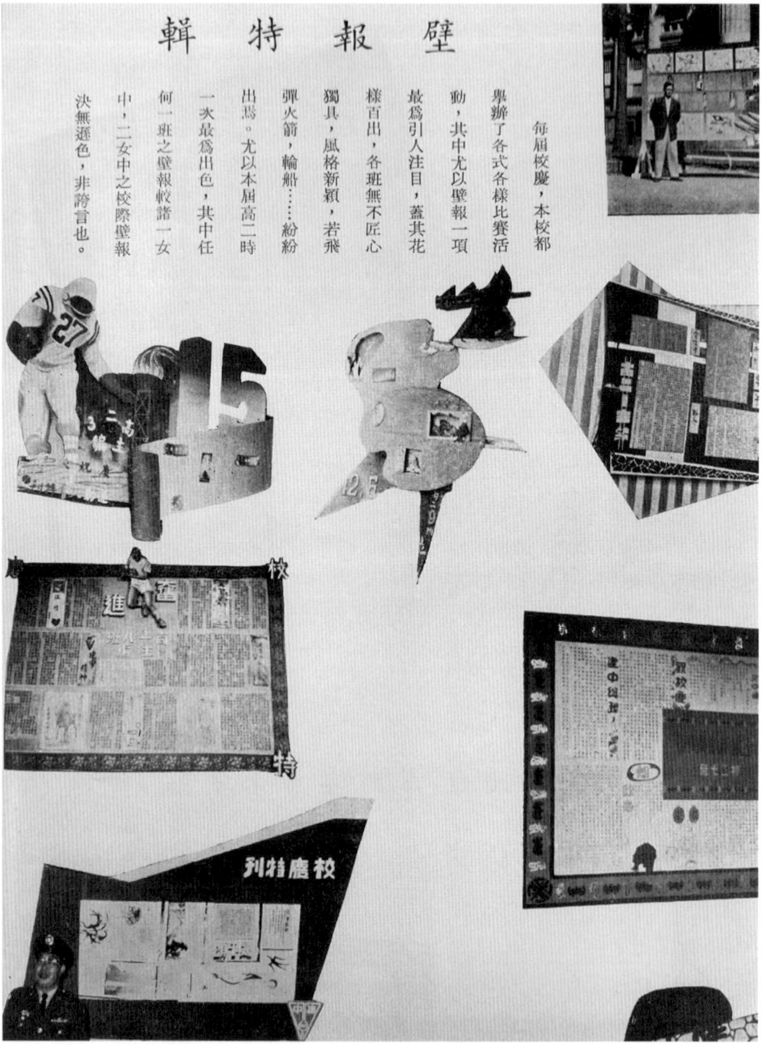

壁報特輯

每屆校慶，本校都舉辦了各式各樣比賽活動，其中尤以壁報一項最爲引人注目，蓋其花樣百出，各班無不匠心獨具，風格新穎，若飛彈火箭，輪船……紛紛出焉。尤以本屆高二時一次最爲出色，其中任何一班之壁報較諸一女中，二女中之校際壁報決無遜色，非誇言也。

1950 與 1960 年代中學盛行的壁報比賽。

長室向賀校長申訴原委，要求退還童軍費，賀校長竟然親自到初中部的訓育組，要求他們「把錢還給學生！」。[51]

有時候甚至不用等同學到校長室找校長幫忙，賀校長自己也會主動找時間到班上協助同學，鼓勵學習出現困難的學生。當時的教師為了挫挫學生的銳氣，常常出些難題或將分數打低，逼學生持續用功。[52]如此一來，因分數過低不及格，最後導致被留級的人數不少。很多學生的日子過得並不愉快，好像來到建中是個錯誤。賀校長主動到班上勉勵同學們說：「寧為牛後，不為雞首。」他的意思是，即使在建中裡的排名很後面，還是比在其他學校拿第一名好；要以作為建中生為榮，應當持續奮發用功。[53]正因為學生知道賀校長的關愛與肯定，所以下課時或放學期間，賀校長常被學生圍住說這話那的。[54]

學者認為，童年記憶從儲存轉為提取的關鍵在於自我意識的出現，只有當「我」出現了，將個人經驗載入記憶，形成自傳性記憶，過往的經驗才有可能被提取追憶。[55]此外，個人記憶乃是當事人透過感官吸收儲存，而所有感官中以視覺性記憶占壓倒性多數，且記憶隱藏的情緒屬快樂最多，其次是悲傷、驚奇等。[56]在慶祝建中百年校慶所編撰的《建中學長內信》一書中，邀請校友撰寫對母校的祝福，其中不乏以自己的視角所書寫的自傳性記憶。其中回憶最多的是校園環境與重要事件，這些都是校園中他們每天親眼所見，並得以引發情緒的事物。而人的部分，就中學生在校的接觸頻率而言，同學與教師應該算是接觸最頻繁者，其次應該是主任等行政人員，接觸頻率最低應該屬校長。

作為校友回憶的隨機抽樣，在賀校長任職的一九四〇與一九五〇年代，撰寫回憶稿共有四十位校友，統計其稿件內的回憶，其中占比最高的是校園環境，共二十八則，為百分之七十；校園事件二十三則，約占百分之五十八。在人的部分，教師占二十一則，約為百分之五十三，同學有十三則約為百分之三十三；提到賀校長的有十則，占百分之二十五；主任行政人員僅二則，占百分之五。[57]

若將學校比擬為樂團，同學是一起演奏的團員，那教師可比做樂團的指揮，指導同學如何演奏出美妙旋律；主任等行政人員則宛如編曲者或是樂器調音師，確保樂團設備和資源都準備就緒，並且能相互協調配合；校長則是樂團的團長，規劃整個樂團的發展方向，並確保樂團得以運作順暢且長久發展。理論上，學生的校園生活經驗中，對於校長的印象應屬最疏遠者。然而，這些畢業已有約四十年光景的校友，在他們的記憶中，最深刻的印象依序是教師、同學、校長，最後則是主任等行政人員。可見賀校長的身影一定常出現在同學感官可接觸的範圍，且其行事與魅力讓當時的學生充滿正向愉悅的情緒，這才讓他能夠深藏在同學們記憶裡。這位傅禺老師筆下的個子不高、「不太會說話」、「週會時站上臺常是這個、這個大半天才說出一句話」的賀校長，[58]究竟是透過什麼「不言之教」來展現他的魅力？

儘管事隔已約一甲子，校友們無論從訪談或是追憶文字中，印象最深刻的還是賀校長的每日巡堂。校友們記述，賀校長整天都在學校，每天至少上、下午各一次巡堂，在校園裡常常可以見到他。在威權統治時期，很難不從管控的角度來解釋校長的用心。老師難免會從權力統御的角度來解讀校長巡堂，認為這是為了解老師的上課情形，好清楚掌握學校內的一切。若看到他兩手交叉抱在胸前、跺著腳打轉，那一定是對各處室行政人員所作所為不滿意的表現。[59]有些老師覺得校長整天守在校園裡繞圈子，也不往外找經費，就算考試時巡堂抓到學生作弊，也只是交給監考老師辦理，沒有多說什麼，實在難以理解賀校長的用心。[60]

然而，不同於老師們的詮釋，學生對於校長巡堂有著他們獨有的理解角度。校友陳進旺記得：下課後，偶爾會在紅樓走廊嬉鬧喧譁的學生們，忽然看到校長從遠處慢慢走過來，就立刻縮回教室鴉雀無聲。[61]校友孫明軒表示，平時賀校長很少參加校外應酬，每天早晚都看到他在校內巡視，藉以發現問題和解決問題，遇到校內任何情況都會趨前了解，並立刻做適當指示或處理。[62]杜湯銘回憶，校長巡堂時很少干涉老師教學，他總是信任老師。雖說會在窗外駐留，觀察一下同學的學習情形，但賀校長從沒有向我們灌輸什麼政治意識，就是要我們好好讀書。[63]白先勇回憶：賀校長就像是一個大家長一樣，常在校園裡可以看到他，讓人感受到一種溫暖，這個魅力也是屬於他個人的特質，他講話慢條斯理，非常的穩健，給學生一種穩定的感覺。[64]很多學生只敢遠遠地看著他巡堂，心中就會有一種踏實感。[65]王正方認為：他可以說是無所不在，這樣一個小小的動作，卻讓所有的學生都知道校長一直在他身邊，且一直關心著他的學習。這種安心與信任，會提供一種穩定安全的學習氛圍。[66]賀校長在建中校園所落實的「學生第一」，讓學生對學習產生希望、自我效能和成長心態，藉由巡堂所展現的安全溫暖，讓學生對學校產生認同感和歸屬感。這些都有助於學生培養創造幸福與成就的能動性。[67]

賀校長早晨早起，白天勤於查堂，關心照顧校園教學活動的順暢推行。[68]此外，當時建中校舍破爛、設備老舊，但諸多流亡教師的住宿問題只能在校園內安排，因此校園內常是教學與住宿混搭的克難狀態，[69]賀校長往往一併照顧教職員住宿的水電等日常需要。[70]這種事事為他人服務的態度，可說是落實了「服務領導」（Servant Leadership），也就是能夠設身處地為他人著想、傾聽他們的問題並找到解決方案的同理心領導。[71]「服務領導」乃「強調服務為先，領導為後，秉持著服務奉獻的精神，與組織成員建立信任關係，除了激發成員潛能，協助成員發展與達成組織目標之外，也能夠進一步引導成員成為服務領導者」，[72]亦可稱「僕人式領導」：落實領導始於服務，而從權力控制轉變成支持給予，重視教師成長和非採英雄式領導，是一種走入部屬心靈深處，並致力於部屬成長的一種利他領導風格。[73]當時教育經費短缺，建中校園卻有亟需照顧龐大師生的教學需求，賀校長有求必應的服務領導，不僅滿足教師的日常需要，他的熱忱也著實感動了學生。[74]

在賀校長與全校師生一同努力下，建中的校務蒸蒸日上，但此時似乎還稱不上是「第一志願」。因為「第一志願」不是自己封的，是社會輿論肯定支持的！從報紙可清楚地看見建中增添不少學術形象，記錄的是建中生針對教育議題的辯論口才，[75]不再僅是拾金不昧或捐血之類的事蹟了。不過，要讓社會大眾普遍認為建中是「第一志願」，似乎必須從社會上普遍認定的「第一志願」作起，臺灣大學是公認臺灣高等教育的「第一志願」，或許只有接受高教「第一志願」的肯定，才能欽點出中學「第一志願」吧！

三、重返榮耀

升學地獄

一九四九年十二月十一日，臺灣省三十九年度行政會議第八次會議通過勵行戡亂建國教育，要求各級學校須積極提倡勞動服務促進生產訓練。[76] 該年開始擬定的教育方針是實施計畫教育，先求義務教育普遍發展，再則統籌升學就業，有計畫地造就人才。建議中等學校應減少不必要課程，盡量補充國防與生產有關的教育。[77] 教育廳長陳雪屏於一九五〇年回顧長官公署治臺迄今五年的教育政策方針，在安置戰區來臺的兒童與青年的前提下，導致學生人數激增，為維持教育品質，採取中等教育不再增班為原則，並提高教師素質與改訂及編纂各科教材，最後清楚提出計畫教育的理念就是使學生人人都能就業，且能用其所學。[78]

政府高層曾於遷臺後陸續提出政治改革，指出丟掉大陸的主因乃在於教育的失敗，認為教育是最重要但不易察覺的問題所在。教育政策攸關未來國家競爭與經濟發展的方向，然不同意識形態與利益考量都會對改革方向有著差異化的期待方向。省教育廳的教育改革方案主導了改革計畫，尤其是當時省教育廳長陳雪屏於一九五〇年四月二十八日在省府一四七次委員會提案的《非常時期教育綱領實施辦法》。[79]此改革重點在於透過計畫教育，引導教育所培育人才，達到充分就業與促進國家生產。

戰後初期，政府規劃的計畫教育願景，並非民意關心的焦點。對考生與家長而言，最要緊的並不是檢討丟掉大陸的主因，而是子弟如何在激烈競爭中過關斬將、繼續升學。東方白在自己的回憶錄裡記載了一段小學畢業參加中學入學考試的難忘回憶：當時應是一九四九年四萬元換一元新臺幣的前夕。家長陪同小孩考試，為求方便只好讓小孩在考場旁的麵攤吃午餐，沒想到商家竟趁機哄抬喊出雜菜麵一碗八十萬的天價。[80]讓子弟繼續升學是當時社會大眾關注的問題，在各校個別招生的情況下，每年考季都不斷重演父母親帶著小孩到處奔波辛勞花錢受罪的場景。

據省教育廳一九五二年的統計，暑假各級學校的畢業生計有：小學十二萬名；初中二萬五千名，高中六千名，臺大僅七百一十三名。[81]若當年所有畢業生人數即是該學習階段入學招生員額，且所有畢業生都參加下一階段的升學考試來計算升學率的話，小學升初中約是百分之二十一，初中升高中是百分之二十四，高中升大學僅約百分之十二。這尚不將落榜而再重考的學生人數計算在內，想見當時升學競爭之慘烈。

這種壓力痛苦從初中、高中一直持續到大學入學考試。升學競爭的焦慮緊張，沉重到難以想像。入學考試現場擠得人山人海，而一九五二年二月二十二日的報紙副刊上就記錄下初中入學考試面試時讓人哭笑不得的畫面：

> 上學期，本校招考一年級新生時，走廊上密密地濟滿著許多小考生，更擠滿著許多帶子弟來應試的家長。大家聲色俱厲地在重新教導所可能考及的試題，整個走廊充滿著：「你叫什麼名字？」，「你今年幾歲？」，「兩個指頭加三個指頭，是多少個指頭？」……的聲音。有的小朋友答錯了，性急的家長，急得滿面青筋直脹；有的家長站在試場的門口，看自己的子弟答不出來，那種著急的情況，直教人又好笑、又同情：有的小考生在外面練習好好的，有問必答，進入考場，卻一句也說不出來，這種小考生，試罷出場時，往往被家長重重地打了兩三記屁股，狠狠地被拖回家去。總而言之，那種緊張焦急的情態，每一點，都充分表現出，他們是如何地為子弟進學校而擔心！[82]

陪考家長考前臨時抱佛腳地幫自家子弟「惡補」，但小小考生在考場內因一時緊張竟說不出話來，痛心疾首的家長在孩子出來之後忍不住出手教訓。當時資訊傳播不便，公告入學考試的榜單常貼在校門口的圍牆上。報紙也記錄著錄取名單揭榜的盛況毫不輸臺大放榜。初中入學已如此激烈，其他入學考試的競爭則可見一斑。

在電視網路尚未普及的一九五〇年代，報紙是迅速理解當時社會問題與各方意見的窗口。針對戰後初期教育政策的規劃考量與社會接受程度，一九五二年至一九五三年間有多篇討論當前教育改革方向的評論，且多登在報紙前三版，可見當時輿論已意識到教育問題的嚴重性，亟需提出改革建議。在梳理報紙的報導後，可以看出民意與官方意見的攻防，亦可觀察當時政府提出新教育政策與民意之間的距離，更凸顯了當時教育規劃欠缺整體計畫的考量。

一九五二年年初，針對省議員建議政府增設大學的質詢，當時政府並不設想擴增高等教育，行政機關主要提出三項反對增設大學的理由：政府財力有限、大學容易成為反政府的共黨孳生溫床，以及欠缺高教師資人才。對此，《聯合報》頭版刊出社論〈再論增設大學問題〉一文，指出民意支持議員的建議，希望政府為實踐反共抗俄事業，急需發展與擴大高等教育，方可培育更多救國人才。[83]由此可見，民意試圖減緩大學升學激烈競爭的深切期盼。

三個月後，也就是一九五二年五月，教育主管機關公布省中不增班，但高職可有條件增班的規定。[84]五天後，頭版社論刊登〈縱橫談教育〉一文，顯示出希望政府傾聽民意、擴充高教。一方面考量政府經費短缺，建議國家鼓勵民間興辦私立大學，以培育高教人才。另一方面也呼應政府規劃計畫教育的觀點，建議政府辦學須智識與技能並重，從整體考量應儲備何種人才，才能適應時代的需要。社論也批評當前教育「學校當局祇以灌輸智識為能事，把學生關在教室內黑板前，就是教學成功；把學生關在校門內，不讓他（她）們看到社會的實況，就是訓導成功。結果把青年學生的生機剝削殆盡，這樣教育出來的學生，自然不能面對現實，追上時代」。[85]

這篇社論發布後一週，教育當局隨即回應社論的後半部意見，希望從下學期起在建中試辦新教育方案，在學三年期間每位學生「上午學普通科，下午學習技能」，好讓每人習得「修汽車、修無線電機、修腳踏車之類」一技，如此將可宣告終結學術導向的「士大夫」式教育，進而讓每位畢業生有一技之長，以滿足社會所需。[86]這種強調在學期間強化生產訓練及實施勞動教育的「一人一技」政策一直持續到一九五三年，不僅符合當時教育經費短缺下的政策期望，也可疏導畢業學子一股腦兒擠向升學窄門的窘境，故「一人一技」教育方案持續有教育學者討論與關心後續的發展。[87]

距離新教育政策公布不到三週，省議員在質詢教育廳長時，以減緩升學壓力為由，希望高中升大學入學比率能提高到百分之五十以上。對此，教育廳長於一九五二年六月二十一日的回覆指出，民意偏好就讀高中以升大學，較不重視技職學校，應鼓勵初中畢業生轉讀高職，或鼓勵高中畢業生選讀軍校。[88]可以發現，議員與報紙代表民意，較關心高教升學的擴充問題，但針對大學升學困難所形成的窄門現象，政府態度保守，表示改革應從中學端推動分流。在省中聯合畢業典禮上，出席的一級教育長官在致詞時口徑一致，都主張不擴充高教，鼓勵高中學生畢業後投考軍校或可選擇不繼續升學，直接到社會上就業。[89]然而，政府似乎擋不住龐大民意的要求，一九五二年八月十四日，也就是中學考試錄取名單放榜之際，教育廳公布五省中再增五班新生名額，建中夜補校另外再加開一班。[90]兩天後，行政院獎勵民間成立私立中學，監察院亦要求教育主管機關重視學生失學問題。[91]

政府五月才公布省中不增班，但高職可增班的規定，官員也公開勸說初中畢業生可報考高職，加上在建中試辦一人一技的新教育政策，都企圖從分流角度紓解高中畢業生一窩蜂擠向大學窄門的問題。但八月中旬，在監察院檢討失學問題的要求下，省中忽然又擴大增班，又鼓勵設置私立中學，皆增添了高中畢業生進入大學的壓力。對廣大民意而言，大學的窄門眼看是愈來愈擠了。

當在一九五二年九月新學年開始之際，報紙專欄一方面勸說社會大眾應認知高中畢業繼續升學，也可以選擇專科學校，並非僅有臺大一個選擇，應該揚棄非臺大不讀的觀念；另一方面也督促政府應正視大學入學考試的升學壓力問題。[92]一九五三年五月底，立法院教育委員會邀請教育部一級主管與大學和專科學校校長舉行座談，會後針對升學問題提出的結論中，僅要求應增加升高中入學員額，升大學部分則建議招生方法應予改善，大專學校入學考試可按照院系分別訂定錄取標準，以及盡量鼓勵高中畢業學生投考軍事學校。[93]然而，大學端對於升學問題仍未能提出有效辦法，當學年即將結束時，報紙社論在一九五三年六月又提出以反共復國急需高教人才為由，建議開放設置私立大學，緩和升學壓力等意見。[94]可見政府當局在中學部分以增班來暫時緩解壓力，即使經過省議員與報紙頻繁請命，但大學端的升學窄門卻遲遲未見開放，大學數量沒有增加，但中學卻持續擴增，這只會讓高中升大學的入學競爭更加激烈，升學主義的浪潮下更讓家長與學生企求能在優質學校內學習，自然賦予中學端「第一志願」升學主義上的重要意義。

意外轉變

歷經戰後初期的「一中」爭議後，誰是首善之區臺北市省中的「第一志願」？這個問題一直遲遲沒有答案，或許各校都有自己想法，卻沒把握，因為何謂「第一志願」？是由填選志願的社會大眾決定的。如何影響社會大眾的決定，有著不同的說法。

早在一九五二年五月，省立中學校校長會議針對於暑假舉辦的升學考試提出初步決定：北區成功、建國、師院附中、一女中、二女中五省中學將統一辦理聯合招生事宜，且考試時間將與縣立中學錯開。[95]常一起開會的臺北五省中的校長當中，政治資歷最高者當屬曾任河北省議會議長的建中校長賀翊新，他召集其他四校校長開會商議，為減輕升學壓力，減少學生趕場奔波與節省報名費用，決定開辦聯合招生的創舉。[96]此後中學採聯合招生，遂出現選填志願排序，師大附中教師在與校友們話當年時，認為這是動搖附中第一志願地位的開端。[97]

聯合招生制度的確讓哪間學校是「第一志願」的問題，成為此後家長與同學需要考量的重點。透過志願序，清楚呈現哪一所高中是民眾心目中的「第一志願」，但要成為眾望所歸，需要一個足以說服大眾的理由。若以升學為最終目標，中學教育的目的就是為培育學生就讀優良大學，因此進臺大成為理所當然的「第一志願」。在媒體資訊尚未發達的時代，擠進臺大窄門的人數多寡，成為社會大眾決定何所高中優於其他的關鍵。

臺大作為高教的第一志願，錄取臺大的相關新聞自然成為社會民眾關注的焦點。榜單以往多半是透過廣播或在校門口公布，或許是受到立法院教育委員會要求大專學校入學考試可按照院系分別訂定錄取標準，一九五三年八月三十日公告的臺大榜單首次公布了入學考試的榜首姓名、畢業學校與各科成績，「錄取新生成績最優者，為報考理學院物理系學生謝雙源，總成績有四百一十九分，是省立建國中學本屆畢業生，十九歲，屏東市人。他的五科成績三民主義為七十四分，國文六十三分，英文九十五分，數學九十二分，理化九十五分」。[98] 在東方白的回憶錄中記錄了這個片段：

本來成功中學的聲譽是在建國中學之上，哪裡知道前一年（一九五三）建國中學出了一位名叫謝雙源的高中畢業生，連連在臺灣大學與師範大學的入學考試中奪魁，成了有史以來臺灣兩家最高學府的雙料狀元，使建中之名遠播全島。從此校譽超越了成中，成了北部學生投考的主要對象，以致我進高中的時候，不但感到分外榮光，連小學時成績比我優越而考入成中的同學，也一個個轉校跟進了我們建中，做的我們這些老建中的客人，一掃往日的驕矜之色。[99]

東方白在初中入學考試時仍是各校自行招生，班上的學霸多就讀成功高中，讓他深信成功優於建中。沒想到，建中學長謝雙源在升大學入學考試的優異表現，讓他昔日的學霸同學紛紛高中階段以就讀建中為目標，這讓他忽然間意外逆轉了身分，心情自然非常愉悅。此次的榜單在全國民眾心中建立起建中等於升學保證的紀念碑，東方白也認為這是建中成為中學第一志願的關鍵。

一位大陸流亡來臺的學生也在一九五三年九月的報紙抒發自己看榜的心情。他很幸運地第一年就考上臺大，但因擔任家教，他又來到人山人海的放榜處為學生看榜。對於那些一直找不到自己名字的考生，他描述「大家哭喪著臉，空氣嚴肅得像是等公布死亡名單」。[100]不知是否是這篇文章寫得太感人，還是中學聯招制度的成效優異，一九五四年六月，教育長官與大學端協議也採取聯招方式以緩解升大學的壓力。教育部長更希望大學端酌量增加免試升學的學生名額，建議大學新生保送入學總額從百分之五增至百分之十。[101]建中校友朱再發回憶起一九五四年舉辦的大學首屆聯考，臺大首度有保送制度，各校保送人數是根據各中學「前三年進入臺大的人數的平均，每八位保送一位」，而當年建中保送臺大九位，為全國人數最多。[102]

成功中學校友陳中統曾在一九五四年至一九五七年間就讀成功的高中部。他回憶起：

當時一般人根據保送臺大的人數判斷學校好壞優劣。成功現在是第三名，當時年代是第一名。像我高三畢業那一班，大專聯考只有一個沒有考上，四十九個都榜上有名，雖然不一定是醫科。[103]

如他所言，保送臺大的人數多寡的確足以影響社會大眾判斷誰是「第一志願」。然若以此標準，從他進入成功高中的一九五四年起，建中就已經是「第一志願」了。

一九五四年的大專聯招看似決定臺灣高等教育的志願排名。然而，同年臺大為支持政府減緩升學壓力所實施保送制度也相當關鍵。每校保送臺大的人數，並非依據當年的錄取比率，而是根據前三年考上臺大的總人數比例。其公布的各中學保送名額的多寡，卻意外影響社會大眾對中學的「第一志願」的選擇。尤其，當時升大學考試僅有一次機會，若一時表現失常，想進理想志願只能明年重考再來，不然就是「屈就」或不再升學選擇就業一途，易令人有著「一試定終生」之嘆。此時臺大公布的保送名單，在激烈的升學壓力下，可讓畢業學子免試升學，這宛如瞬間脫離「升學地獄」直升得救天堂福音一般，故上述成功中學校友陳中統會認為「當時一般人根據保送臺大的人數來判斷學校好壞優劣」，應屬極其自然之事。

然而每間中學的高三畢業生與報考大學人數並非全然相同，臺大公布保送名單依據的是之前錄取人數而非應屆考進臺大的升學率。戰後初期賀翊新校長支持政府擴大就學方案，讓建中在一九五四年學生數已近四千人，成為應屆畢業生人數最多的中學校，在此保送制度下，賀校長當年廣收學生的「人口紅利」浮現，以遠多於其他競爭對手的人數優勢，加上學生願意努力爭取自身榮譽的動機下，當然會增加了建中畢業生考進臺大的機會。臺灣電視臺成立須待一九六二年，此時重要訊息的即時傳播主要仰賴廣播，由於訊息傳播不易，社會大眾亦僅關注結果，少有深度探究與反思保送制度內涵，故當臺大以全臺高教「第一志願」之姿公布保送名單且透過報紙與廣播讓社會大眾廣為周知時，即是建中躍登全國中學「第一志願」之際。

再加上去年建中畢業學生謝雙源擁有臺大入學榜首桂冠所引發的月暈效應，更讓社會大眾普遍認同建中為第一志願。當更多的優秀學生都爭先恐後地競相以就讀建中為榮，素質優異的學生往往在學校或畢業升學考試中多容易有好成就，加上臺北市為全國首善之區，此後遂確立建中為全臺「第一志願」的金字招牌。

當建中成為第一志願，其他各校的學生、師長與校友針對此點各有不同的看法。戰後初期曾就讀臺北二中的王桂榮認為，日治時期一中主要接受日本人入學，所以認為北部臺灣人較喜歡讀成功中學。

成功中學的第一任校長何敬燁很注重體育，記得初三時，無論籃球、排球或足球，在全島的中學比賽中都囊括了冠軍。可能是太注重體育而忽視了學業，大學的錄取率因而落後建國中學，建中則一躍成為明星學校。104

對於建國中學成為「第一志願」，王桂榮用「一躍」來表達對於此事成真而感到的突然與意外，甚至透露出內心深處有些許不能接受。他在檢討後認為，是成功中學的何校長太強調體育活動，忽略學生學業，以至於讓建中在大學的錄取率勝過成功中學。

而師大附中成立以來一直擔負著實驗教學的任務，教師關注於教材和教學方法的持續研究與改善，教師們以打造一流高中而自詡。沒想到，當建中成為「第一志願」後，高一新生的週記多是懊惱自己因些微差距而沒考上第一志願。

> 在填志願的時候幾乎一律是建中、附中、成中，等而下之依成績分發。附中便退居第二，在觀念上自然成為二等高中，我們努力充實改善成為一流的高中而收的是二等生，老師是有教無類的，青年學生的心理造成一種型態，有人抱怨說差〇．五而落到附中，時有不平之感，在高一新生週記經常看到的怨言。……你們不必抱怨差〇．五沒有進第一志願建國中學，落得第二志願進了我們附中，自以為差人一等而自卑，我以附中老師的地位說話，像我們這樣一流的高中接收你們自認為的二等生，也是很委屈的。[105]

高一學生的這些抱怨惋惜讓這些自詡在「第一志願」教學的老師們深感委屈，覺得自己的身分被學生給降級了。部分學生因為些微成績的差異，導致想成為「第一志願」的夢想落空，滿腔的委屈轉化成自卑與埋怨的心態，此現象當然與當時升學主義高張的社會氛圍有關，另一方面從臺灣近代教育史的脈絡，日治以來，臺灣人在差別待遇下一心想就讀「第一志願」卻無法實現的夢想，更讓家長與學生進入「第一志願」就讀的渴望更為顯著！故因些微之差而與「第一志願」擦肩而過的其他明星學校學生，對於建中成為社會公認的「第一志願」的感觸表現最為直接。

戰後初期政府考量財政有限和害怕孳生學運等因素，即使在重重民意的壓力下，仍不願擴大興辦大學，卻又持續增加中學員額。加上各中學分別考試招生，讓家長與學生為各校的入學考試疲於奔命。為減緩升學壓力，臺北五省中創辦聯招制度，誰是「第一志願」自此成為家長與同學考量的重點。臺大自然是當時毫無爭議的「第一志願」，而臺大公布榜首與中學畢業生保送名額時，卻意外地決定了高中的「第一志願」。在一九五三與一九五四年兩年，依據臺大公布的升學標準，在賀校長與全校師生努力經營下，建中的升學成績「幸運」地超越其他對手。臺大的公布榜首與保送名單，此舉看似微小，效果卻甚是巨大，牽動了所有能動者隱藏壓抑已久的期待，將幽靈轉化為真實。在諸多競爭者環伺下，這「第一志願」

的皇冠，竟魔幻神奇地落在建國中學頂上。

建中從戰後的太保學校，到人人爭相考進的「第一志願」，其間緣由太過曲折，也近乎傳奇，不過都是在賀翊新校長任內成就的。當一九五五年賀校長奉派擔任政大祕書長以籌備國立政治大學，[106]另有任務需要調職時，[107]全校師生對於這位讓建中重返榮耀的校長，萬分不捨又滿心祝福地在校門正後方紅樓入口處左側門柱上刻載「紅樓銘」，作為贈別感謝的禮讚。

注釋

1 王正方，《調笑如昔一少年》，頁 136。
2 連戰，《連戰回憶錄（上）我的永平之路》（臺北市：遠見天下文化，2023），頁 68-69。
3 許伯超，〈本省之中學教育〉，《臺灣教育輔導月刊》10:11（1960 年 11 月），頁 40。
4 汪知亭，《臺灣教育史料新編》，頁 274、280、284。
5 簡孝質，〈紅樓憶往九千天〉，《建中校友會刊》第 49 期（2020 年），頁 71。

6 臺北市立建國高級中學，《建中世紀》，頁 234。

7 蘇青葉編輯，《一百年成功，千萬載光榮——臺北市立成功高級中學創校一百週年校慶紀念特刊》（下冊），頁 32。

8 東方白，《真與美（一）》（臺北：前衛出版社，2001），頁 157。

9 莊德仁，〈賀翊新校長與建國中學（1949-1954，1957-1967）訪談〉，頁 22。

10 莊德仁，〈賀翊新校長與建國中學（1949-1954，1957-1967）訪談〉，頁 26。

11 〈學生拾金不昧　警局將予嘉獎〉，《聯合報》，7 版，1951 年 11 月 29 日。〈建國中學發動　建立預備血庫運動〉，《聯合報》，2 版，1952 年 5 月 14 日。

12 陳雍，〈今日我以建中為榮　明日建中以我為榮〉，《建中校友會刊》第 41 期（2012 年），頁 25。

13 子于，《建中養我三十年》，頁 31。

14 臺北市立建國高級中學，《建中世紀》，頁 37。

15 何清欽，《光復初期之臺灣教育》，頁 105。

16 臺北市立建國高級中學，《建中世紀》，頁 117。

17 莊德仁，〈賀翊新校長與建國中學（1949-1954，1957-1967）訪談〉，頁 19。

18 莊德仁，〈賀翊新校長與建國中學（1949-1954，1957-1967）訪談〉，頁 16。

19 錢復，賀翊新校長與建國中學（1949-1954，1957-1967）訪談，2021 年 7 月 1 日，莊德仁訪談。

20 臺北市立建國高級中學，《建中世紀》，頁 268-269。

21 莊德仁，〈賀翊新校長與建國中學（1949-1954，1957-1967）訪談〉，頁 20。

22 莊德仁，〈賀翊新校長與建國中學（1949-1954，1957-1967）訪談〉，頁 16。

23 臺北市立建國高級中學，《建中世紀》，頁 117。

24 臺北市立建國高級中學，《建中世紀》，頁 115-116。

25 教育部，《中華民國教育統計》（臺北市：編者，2006），頁 21。

26 汪知亭，《臺灣教育史料新編》，頁 179。

27 汪知亭，《臺灣教育史料新編》，頁 207-208。

28 莊德仁，〈賀翊新校長與建國中學（1949-1954，1957-1967）訪談〉，頁 23。

29 〈就業考試　落第學生　准充教師〉，《聯合報》，3 版，1951 年 12 月 12 日。

30 〈教廳昨日開會　檢定中學教員〉，《聯合報》，3 版，1951 年 12 月 22 日。

31 霜木，〈人師豈好為哉〉，《聯合報》，8 版，1951 年 10 月 30 日。

32 編者，〈元太宗即位情形　教科書編錯了　興中本初中歷史有誤　編譯館答讀者馮兢存〉，《聯合報》，5 版，1952 年 1 月 14 日。

33 子于，《建中養我三十年》，頁 37。

34 子于，《建中養我三十年》，頁 31。

35 禹文貞，《南海憶往：大時代中的小故事》（新北市：佳曄電腦出版社，1997），頁 103。

36 子于，《建中養我三十年》，頁 36。

37 禹文貞，《南海憶往：大時代中的小故事》（新北市：佳曄電腦出版社，1997），頁105。
38 張文華，〈懷念建中賀翊新校長〉，《河北平津文獻》第24期（1998年），頁257。
39 子于，《建中養我三十年》，頁3。
40 臺北市立建國高級中學，《建中世紀》，頁117。
41 王正方，《調笑如昔一少年》，頁219-224。
42 莊德仁，〈賀翊新校長與建國中學（1949-1954，1957-1967）訪談〉，頁17。
43 子于，《建中養我三十年》，頁85。
44 盧毅君，《浪跡江湖一甲子》（臺北市：秀威出版社，2007），頁364。
45 簡孝質，〈紅樓憶往九千天〉，《建中校友會刊》第49期（2020年），頁72。
46 Benedict Anderson, *Imagined communities: reflections on the origin and spread of nationalism*, New York: Verso, 2006, pp.55-56.
47 簡孝質，〈紅樓憶往九千天〉，《建中校友會刊》第49期（2020年），頁71。
48 臺北市立建國高級中學，《建中世紀》，頁116-117。
49 盧毅君，《浪跡江湖一甲子》，頁364。
50 子于，《建中養我三十年》，頁49。
51 子于，《建中養我三十年》，頁45-46；莊德仁，〈賀翊新校長與建國中學（1949-1954，1957-1967）訪談〉，頁17-18。

52 莊德仁，〈賀翊新校長與建國中學（1949-1954，1957-1967）訪談〉，頁26。
53 莊德仁，〈賀翊新校長與建國中學（1949-1954，1957-1967）訪談〉，頁21。
54 子于，《建中養我三十年》，頁44。
55 張朝霞譯，杜威．德拉伊斯瑪（Douwe Draaisma）著，《記憶的風景：我們為什麼「想起」，又為什麼「遺忘」？》（臺北市：漫遊者出版社，2013），頁45-47。
56 張朝霞譯，杜威．德拉伊斯瑪（Douwe Draaisma）著，《記憶的風景：我們為什麼「想起」，又為什麼「遺忘」？》，頁32-33。
57 臺北市立建國高級中學輔導室，《建中學長內信》，頁11-70。
58 子于，《建中養我三十年》，頁36。
59 北市立建國高級中學，《建中世紀》，頁158。
60 子于，《建中養我三十年》，頁44。
61 陳進旺，〈憶吾師　讚吾師〉，《建中校友會刊》46期（2017年），頁37。
62 孫明軒，〈憶往建國中學真好〉，《建中校友會刊》第34期（2005年），頁18。
63 莊德仁，〈賀翊新校長與建國中學（1949-1954，1957-1967）訪談〉，頁25。
64 莊德仁，〈賀翊新校長與建國中學（1949-1954，1957-1967）訪談〉，頁19。
65 莊德仁，〈賀翊新校長與建國中學（1949-1954，1957-1967）訪談〉，頁26。
66 莊德仁，〈賀翊新校長與建國中學（1949-1954，1957-1967）訪談〉，頁18。

67 OECD (2019), *OECD FUTURE OF EDUCATION AND SKILLS 2030: OECD LEARNING COMPASS 2030*, p.35.

68 子于，《建中養我三十年》，頁 43。

69 子于，《建中養我三十年》，頁 33。

70 子于，《建中養我三十年》，頁 160。

71 Bakan, İ., & Doğan, İ.F. (2012). *Servant leadership.* Journal of Kahramanmaraş Sütçü İmam University Faculty of Economics and Administrative Sciences, 2(2), 1-12.

72 張德銳，〈我國校長服務領導研究結果綜合性分析〉，《臺灣教育評論月刊》10(2)，2021 年，頁 190-217。

73 蔡進雄，〈走入心靈深處：僕人式領導的意涵及其對中小學校長領導的啟示〉，《教育政策論壇》6(2)，2003 年，頁 69-83。

74 子于，《建中養我三十年》，頁 41。

75 〈男女應否分校　女師建中同學　昨作廣播辯論〉，《聯合報》，2 版，1952 年 4 月 10 日。

76 編者，〈本省三十九年度教育施政方針〉，《臺灣教育輔導月刊》1：1（1950 年 11 月），頁 49。

77 編者，〈本省非常時期教育綱領〉，《臺灣教育輔導月刊》1：1（1950 年 11 月），頁 50。

78 陳雪屏，〈本省教育五年來的回顧〉，《臺灣教育輔導月刊》1：1（1950 年 11 月），頁 7、9。

79 管美蓉、王文隆，〈蔣中正與 1950 年代臺灣教育〉，《重起爐灶：蔣中正與 1950 年代的臺灣》

（臺北：國立中正紀念堂管理處，2013年），頁191、201、202。

80 東方白，《真與美（一）》，頁156-157。

81 綠燈，〈洋洋乎大觀〉，《聯合報》，6版，1952年6月21日。

82 曾路探，〈救救孩子們〉，《聯合報》，6版，1952年2月22日。

83 社論，〈再論增設大學問題〉，《聯合報》，1版，1952年2月3日。

84 〈本年招生班數　省中不再增班　省立職校如需增班　教廳訂定原則一種〉，《聯合報》，2版，1952年5月14日。

85 聯合社論，〈縱橫談教育〉，《聯合報》，1版，1952年5月27日。

86 新生社訊，〈當局決定推行　一人一技教育　下學期先由建中試教〉，《聯合報》，2版，1952年6月2日。

87 王蔚文，〈從我國教育因果談到本省教育的改革〉，《臺灣教育輔導月刊》3：3（1953年3月），頁7。賴正亮，〈怎樣實施生產勞動訓練〉，《臺灣教育輔導月刊》3：3（1953年3月），頁30。

88 〈初中初職畢業生　應分別升學考試　職校實驗設備須加強　張芳燮高順賢等質詢陳廳長〉，《聯合報》，2版，1952年6月21日。

89 〈本市省立中學生　昨行聯合畢業禮　程部長蒞席訓勉三點　吳主席頒證書並闡教育真諦〉，《聯合報》，2版，1952年7月2日。

90 〈省立五中學　各再增五班　容納新生二百五十人　按聯考分數依次錄取〉，《聯合報》，2 版，1952 年 8 月 14 日。

91 〈政院通過辦法　獎勵私立中學　監院注意失學問題　決請當局設法補救〉，《聯合報》，2 版，1952 年 8 月 16 日。

92 〈當前教育問題　就學與升學（下）〉，《聯合報》，3 版，1952 年 9 月 17 日。

93 〈對當前教育問題　立院教育委會昨獲結論　設法解決兒童失學　擴充青年教育機會〉，《聯合報》，3 版，1953 年 5 月 29 日。

94 聯合社論，〈論增設大學問題〉，《聯合報》，2 版，1953 年 6 月 5 日。

95 〈省立中學統一招生　報考日期原則提早　避免與縣市立中學衝突〉，《聯合報》，2 版，1952 年 5 月 22 日。

96 朱重聖、郭紹儀訪談、張世瑛紀錄，《潘振球先生訪談錄》，頁 88。

97 張守仁，〈寫給校友們〉，《附友季刊》第 2 期（1984 年），頁 6。

98 〈臺大新生昨放榜　錄取一〇五二人　謝雙源考試成績最佳〉，《聯合報》，3 版，1953 年 8 月 30 日。

99 東方白，《真善美一》，頁 207。

100 松青，〈放榜的一天〉，《聯合報》，1953 年 9 月 7 日，6 版。

101 中央社〈臺大與各省立學院　聯合招生辦法決定統一命題集中閱卷參照所填志願依次分配學校　保

送名額可能增至百分之十〉，《聯合報》，3版，1954年6月15日。

102 莊德仁，〈賀翊新校長與建國中學（1949-1954，1957-1967）訪談〉，頁22。

103 蘇青葉編輯，《一百年成功，千萬載光榮——臺北市立成功高級中學創校一百週年校慶紀念特刊》（下冊），2022年，頁49。

104 王桂榮，《王桂榮回憶錄——一個臺美人的移民奮鬥史》（臺北：遠流，1999年），頁36。

105 張守仁，〈寫給校友們〉，《附友季刊》第2期（1984年），頁6。

106 北市立建國高級中學，《建中世紀》，頁39。

107 也有校友認為賀校長是被貶謫到華僑中學當校長。見：何可，〈憶恩師——王文思〉，《建中校友會刊》35期（2006），頁23。

第五章

建立自由與自律的校風

我在一九七八年考入臺北「建國中學」就讀，那是當年（一直到現在還是）被視為全臺灣最好的高中。入學沒多久，就注意到一件奇特的事：一個名字不斷在學校刊物文章以及老師、學長的口中反復出現，那就是賀翊新校長。然而那個時候建中的校長明明是黃建斌啊，為什麼賀翊新名字出現的頻率，遠超過現任的黃建斌呢？之後我進了校刊社，仔細查了資料，發現賀翊新先生兩度擔任建中校長，第二次是一九六七年卸任的，換句話說，到我入學時，賀校長離開建中已經十多年了，可以百分之百確定，在校的所有學長，不會有一個人親炙過賀校長，甚至就連老師們，恐怕也有一大部分是賀校長離開之後才進來的。[1]

知名文學家李明峻（筆名楊照），曾回憶他在一九七八年考進建中時，就常聽到師長們口中與校刊上的紀錄一直提到賀翊新校長的大名，心中不解為什麼一位已經離開建中十多年的校長，他的名字出現頻率居然遠勝過現任校長呢？

一、江河日下後的重新收拾

擺布不開

賀翊新校長擔任的是建中第五任校長，其任期自一九四九年七月至一九五四年十二月。凌孝芬自一九五五年一月至一九五七年七月接任建中第六任校長。一九五七年八月，賀校長又回任建中第七任校長，直到一九六七年七月為止。他是目前建中校長唯一擔任兩屆（戰後第五任與第七任）與任期最長者（十四年九個月）。

在凌孝芬接任校長的兩年半期間，很多校友追憶認為建中變了，直接用「建中的氣勢立刻江河日下」來形容校務的逆轉。[2]校友石厚高在學期間剛好親炙賀校長與凌校長兩位校長，清楚感受兩者的差異與轉變：

> 回想我在建中讀書的六年歲月，四十一至四十四的初中三年教務不錯，教師幾乎沒有請假或不想來上課就不來上課了；四十四至四十七年的高中三年就差多了，教務廢馳紀律蕩然。[3]

他指出自民國四十四年至四十七年間，建中教務廢馳紀律蕩然，這恰好是凌校長的任期。當時凌校長的治校風格曾被批評是「蕭規曹隨」與「沒有什麼作為」，可能是因為他的任期不長，而忽略他的作為與建樹有關。[4]校園中普遍認為賀校長首任建中校長階段正是建中校譽的鼎盛期，[5]當賀校長再度回任，不少師生緬懷他在第一任締造「第一志願」的共有光榮，對他的回歸抱持相當高的期待。然而，賀校長回任第七任建中校長時，大環境的主、客觀因素已與第一任時期迥然不同。學生們感嘆：就算「賀校長回到建中重新收拾，一時已很難恢復舊觀」。[6]對於此時賀校長的回任，數學教師傅禺曾描寫到「實際是無風無浪的回來，最少沒有三十八年初來時的氣勢了」。[7]

賀校長於一九五七年回任時年事已高（六十一歲至七十一歲），校務一開始似乎並沒有什麼起色。然而，造成學校改進「擺布不開」的原因之一是，當初跟他一起到建中任職的教師們，很多都隨著他的離任而另有高就。不僅「那些人已經離散，全各走各的路，留下的一些更都各做各的事了。」當年一起打拚的同心夥伴各自分飛，導致學校行政主管接連更換，換來的教務主任多是年輕輩的校友，對於以前教過他的老師們「只有全心全力服務」而不敢有什麼要求與作為。聘任教師也受升學主義氾濫的影響，「以名聲為先」，「在建中任教的，凡是能在補習班上課的，也受到器重」。面對學校眾多名師趁著升學主義浪潮努力在校外兼課賺錢，賀校長也只能公開勸諭「他沒辦法阻止各位老師兼課兼差，但希望以建中為第一」。[8]可見，升學主義深刻影響學校行政與校務的推動。

文化沙漠

一九四九年為中華民國處境最為艱難之際。《中央日報》作為黨國喉舌，於三月重新出刊，六月二十九日刊載當時行政院副院長兼外交部長吳鐵城所號召的「自由中國」運動。此時國民政府試圖利用「自由中國」此宣傳，來合理化中華民國在臺灣的正當性，當一九五〇年韓戰爆發，此招牌恰為調和臺美關係，讓中華民國順勢加入以美國為首的民主陣營集團，並接受其援助。[9]臺灣在一九四九至一九五四年為白色恐怖肅清異己最為激烈的時段，而一九五一至一九六五年當美援陸續抵臺，促進臺灣經濟轉向進口替代，此時期亦創造臺灣香蕉、蔗糖、稻米外銷出口的榮景。[10]

就學術與文化環境而言：戰後遷臺初期國家處在風雨飄搖的危局中，政府在恐共的氛圍下，採取高壓與封閉政策，壓抑思想、文化與學術發展，禁止閱讀未隨政府來臺學者的著作，加上日籍學者紛紛離臺，僅由大陸來臺的學術文化界人士，成為傳播思想的主要源頭。

一九五九年曾有三名美國學者來臺灣實地進行教育文化調查，直指臺灣是「文化沙漠」。中研院院士李濟也有感而發，著文指出造成「文化沙漠」的原因有五：接收時，部分教授學術訓練不夠；大陸來的學者，精神頹廢喪失讀書興趣，以教書為臨時職業；教師懷抱五日京兆心理，對於教學並不用心，缺乏長期打算；社會存在許多種禁忌，限制思想發展，與青年學者不肯到大學來執教。[11]在李濟的文章發表之後，著名報紙副刊專欄更一針見血指出，造成臺灣成為「文化沙漠」的原因之一，是大部分臺灣人才出國留學，以留美學者為例，當功成名就後，尤其是成就愈高者多不想回國服務了。[12]此時正是冷戰格局下美國經濟援助臺灣時期，美國的學術文化儼然為主流趨向，報紙的批評言猶在耳。但一九六〇年代起，社會普遍流行「來來來　來臺大　去去去　去美國」的順口溜，這不僅記錄當時知識社群的出國深造熱潮，也反映無法留住人才所形成的「文化沙漠」困境。這種現象在臺灣經濟起飛、對外貿易加速發展後，隨著許多留學外國的學者逐漸回臺，一直到一九六〇年代中期以後才逐漸改善。[13]

潘振球曾於一九五〇至一九五六年間擔任臺北市成功高中校長，他曾在回憶錄中提到：

「五〇年代是比較安定的階段，兩岸沒有重大衝突，臺灣經濟積極發展工業，並拓展海外國際貿易，因為戰後出生率高，龐大就學人口使教育資源不敷分配，升學競爭與惡性補習成為當時教育難題。」[14]自一九五〇到一九六〇年代，臺灣因為政治與經濟日趨穩定成長，社會普遍期望子弟能就讀優質學校，促成升學主義與惡性補習風氣，伴隨這兩大教育現象的是校園充斥著嚴重的留級問題與打罵體罰教育的盛行。學者分析兩者緊密的因果關係：由於小學普遍實施填鴨式教育，待學生升上中學後不會思考，加上學生多是在升學主義壓力下逼迫讀書，考上初中後容易鬆懈不關心課業，導致初中留級比例高於高中，尤其初一、初二階段比例最高，高中則是高一時期最易留級，這些留級生也是學生群中最常被記過處分者，多有不良行為記錄，故常遭受師長的打罵教訓處置。[15]

學者指出，一九五〇至一九六〇年代臺灣工商業雖逐步成長，但並不甚發達，若大眾一味擠入大學窄門，畢業時將會出現就業的困難，而學生選擇就讀高中而非技職學校將無一技之長，高中生只能繼續升學，不然畢業後更不可能找到好的工作。[16]臺灣社會之所以會出現這種盲目強求讀高中以升大學的風氣，或許是因為多數人抱著「勞心者治人、勞力者治於人」的心理。家長不顧子女的智力與社會的需要，僅盼望子女能進入少數有名的中學，再升入大學，最終取得一紙文憑，就可以光耀門楣。這樣的心態，造成升學主義，以致職業學校不受重視，學者直言這是根源自長期以來「教育的歷史病」。[17]

社會上一般人的升學觀念，多以省立中學作為第一個目標，縣市立中學是次等選擇，[18]認為職業學校是再次一等的中學，農業職業學校更是等而下之。[19]臺北省立中學原本都已有穩固的基礎和相當的規模，其教學方針一貫以升學為主旨，更是全國家長與學生爭相競逐的對象。[20]既然就讀中學是為升大學，社會大眾普遍以升學成績來衡量學校績效，[21]並要求學校活動應服從社會大眾的升學需求。[22]那麼，原本教育當局於一九五二年要求從建中開始試辦的「一人一技」政策，在臺大「欽點」建中作為「第一志願」後，這類「一人一技」的生產勞動教育，勢必在家長輿論壓力下無法繼續推動落實。

作家東方白描寫自己在一九五〇年代初期在建中苦讀的往事。他從小家中缺乏藏書，在進入易受同儕影響的中學階段，就讀建中初中部期間也甚少在學校圖書館借書。直到進入高中後，東方白觀察到隔壁班同學向圖書館借閱書籍，忽然發現圖書館的美好，自此開始瘋狂地閱讀課外書，「彷彿一夜之間，我的幾萬顆『文學細胞』都發育成熟了，旋在短短期間，我把長久以來所缺乏的『文學營養』都全部補足了！」[23]他記述自己就讀建中時，在升學壓力與課外書之間的苦苦掙扎：

建國中學既然是臺灣北部最好的學校，考進去的高中生當然都是全省之菁英，聰明不必說，用功更是有口皆碑。我天生是個自然主義者，自小學到初中從來不知用功為何物，特別是進了高中又拚命看課外書，只有考試之前才花幾天去準備功課，平常把習題作完便自認已盡了責任。可是一升上高二，看到同學們死K用功，自己也不得不策馬加鞭小K用功起來，然後要看的諸多課外書又不能放，唯一的辦法變成減少晚上的睡眠時間。整整高二一年，除了寒暑假，我每夜幾乎睡不到四小時，而且月考或期考期間，為了考前溫習，甚至連著幾天，一夜K到天明，既然蠟燭兩頭燒，那麼蠟炬成灰之日也就屈指可數了。[24]

東方白原本僅在段考前幾天才開始準備學校課業，但高二期間班上同學紛紛臣服升學主義用功K書，逼迫他一邊要準備功課，一邊又要閱讀課外知識。在經過一年以來的熬夜生活，高三的東方白在第一次段考後大病一場。累垮的他在一九五四年下半年以「神經衰弱」的病歷證明向學校申請休學。一九五四年正值賀校長第一任期的最後一年，當時建中實施的「廣收嚴刷」策略讓學生整日生活在考試之中。東方白所描寫每日熬夜苦讀的往事，應該是當時建中生每日飽受課業壓力的日常寫照。尤其當建中已成為公認升大學的「第一志願」後，又處於「文化沙漠」、升學主義、打罵教育的氛圍裡。

賀翊新校長於一九五七年再度回歸治理建中時正逢臺灣社會的轉變期。當時的建中正處於「文化沙漠」的困境，造成如此窘境的原因有三：過去十餘年間，白色恐怖實施封閉政策，壓抑文化思想的發展；一九五〇年代升學主義當道，社會大眾要求學校教育看重升學考試，扼殺獨立思考教學的落實；臺灣栽培的優秀子弟因國內欠缺知識刺激，欲追求高深學問，多往外國深造，美國尤為首選，學成後多滯美不歸，無法提供臺灣知識活水。

若賀校長延續著第一任時期奉行的服務領導，建中想必將淪為強調考試、專注成績的升學地獄。面對強勢的主、客觀環境，建中的未來還有什麼新可能？又該如何實踐？年歲已高的賀校長如何領導轉型？這將是賀校長第二任期最大的挑戰！

二、解鎖學生的能動性

重新認識中學生

戰後初期，規定省立中學須同時招收初中生與高中生。依據教育部於民國四十九年十一月修訂的《中學課程標準草案》，規定初級中學在於繼續國民學校的基本教育，注重生活訓練培養健全國民；高級中學則注重人才教育，奠定學術研究及專業訓練之基礎，已清楚規定初高中擔負不同學習任務階段。

賀校長表示，課室內的教學安排，全由教師設計，而學校整體環境的規劃，校長應該加以改善。當時建中為初中與高中合併的體制，需要用不同的校舍安排來加以區隔；加上學生人數眾多，甚至高達六、七千人之眾，宛如大學規模。[25]這些原本在第一任期的「人口紅利」，此刻賀校長認為將成為教學的阻礙，因為一開始將兩種身心發育截然不同的青少年合一爐而治之，在教學與訓導上容易產生顧此失彼之處。

賀校長認為，初高中應該分流，給予不同的差異指導，因為十三歲至十五歲的少年發展至十六歲至十八歲的青年，正是身心變化最劇烈的階段。初中學生因其模仿性較弱，意志力堅強，慾望又漸多漸旺，自然在個性方面必須糾正與指導並重，在興趣方面，必須限制與鼓舞互用，在行為方面，必須規範與示範兼施。但高中部分則應發展重於壓制，在興趣方面，誘導重於干涉，在行為方面，感染重於懲罰。是故，應多給予高中生發展空間，好讓他發掘特殊天賦，並除理智思考的培養外，還有透過潛移默化養成優質的身心習慣，唯有藉由心靈訓練，方足以培養學生高尚豐厚的情趣。學校教育需人盡其性，如此社會才能人盡其才。[26]

自民國五十一年起，教育部決定省辦高中、縣市辦初中，此政策正是呼應賀校長對中學生的認識，這讓建中在三年後改制為高中。賀校長認為全省規模最大、班級最多、學生素質最高的建中，不可採取社會上流行的打罵壓制教育。因為中學生心智發育，其個人意志隨身體筋肉的快速發育而相應發達，「情感隨本能的逐步完成而起急激變化，思想隨接觸範圍的擴大而形錯綜複雜」。故之前他律管理方式，應轉變為開放引導邁向自律與自我管理行為。高中階段亦是學生逐漸形成自我人格與思想習慣的時期，教育應「能順應優良的天性、因勢利導：一方面盡量發揮其智能，以奠定研習高深學術的基礎，一方面充分加強自我約制的習性，以提高實現倫理道德的精神」。[27]需用因勢利導與潛移默化，讓學生「或純出於內心的警覺，毫不假外力的督責」來培育優質學生。

傅禺老師認為賀校長推動校務，關心對象依序是學生、老師，最後才是行政同仁，稱他確實是位「學生至上」的校長。[28]賀校長辦學，主張服務教學並尊重學生，行政人員常抱怨他太寵愛學生了。賀校長相信教育的主體是學生，過往學生無論在家庭或小學多是在打罵教育下成長，升上中學的當下，則須承受升學主義的壓力與「文化沙漠」困境，故規劃建中未來發展不應僅有幫助學生考上好大學如此短視近利的想法。作為第一志願的建中，若還是順應社會潮流的需要，只是製造一堆會考試的機器罷了！但要學生不依從社會期待，需要協助學生突破結構上的限制，如何協助學生發揮能動性以突破過去－現在－未來種種結構上的限制，應是當下辦學的首要任務。然這需要從解構當下教學與社會環境結構、引導規劃學生未來發展願景與認識中學生人格特質開始做起！

賀校長依憑著對中學生的重新認識，決定大步邁開腳步，這讓校友們回憶在建中的學習：「我學到的一是自由，二是自由，第三還是自由。」[29]賀校長曾在《建中青年》副刊的第一期上，提到他對建中校園所應發揮教育功能的期待：

以目前學制的龐雜、員生的眾廣、黌舍的隔閡、品彙的懸殊，無論施教退席，既無以奏「藏」、「修」、「息」、「遊」之效，更無以致「豫」、「時」、「遜」、「摩」之功；又怎能使生徒「安其學而親其師，樂其友而信其道」。30

「藏」、「修」、「息」、「遊」、「豫」、「時」、「遜」、「摩」，皆出自於《禮記・學記》。「藏」指學生沉潛理解書中奧義，「修」是反覆練習，「息」為休息，「遊」指遊玩。這些都是描繪學生在學校環境中的學習活動；「豫」是預防，教師應在學生尚未犯錯之前，先藉由明令禁止劣行來教導學生，若學生已經習染錯誤的觀念與言行，就不易根除了。「時」指選擇學生適合接受教育的時機，及時給予教導，錯過時機則易事倍功半。「遜」是安排順適教材的進度，循序漸進地教導學生，雜亂沒有秩序的教導，容易讓學生的理解出現錯亂。「摩」為引導同學彼此相互觀摩學習，學習若沒有朋友切磋琢磨，容易孤單並缺少見聞。這是教師教學應善用不同教學策略，以因應學生不同情境需要給予適當指導。賀校長希望將學校建構為能讓師生安心、親近、快樂、成長的學習環境。

重開校園

一九五〇年代臺灣成為「文化沙漠」的原因之一，是白色恐怖的恐共氣氛壓抑思想文化的發展。然而，早在賀校長第一任期時，學生在建中圖書館就可以借到共產世界俄國文學家的小說。[31]不僅如此，賀校長曾與導師們默商後，暗中許可一些學生可以閱讀聞名於一九三〇年代但作者陷在匪區的禁書，如：巴金、沈從文、老舍等近代中國文豪的作品。[32]

開放禁書的確可以開拓學生在「文化沙漠」中的見聞，但賀校長發現打破校內外的藩籬，更可讓學生學習得更廣。他堅持開放校園門禁，早在他首任時已經實施，但繼任的凌校長卻關閉校園，直到賀校長回任後才恢復。一九五四年起，教育部規劃將建中周遭環境成立南海學園，開始著手拆除建中校園附近的違章建築，[33]此工程一直到一九五九年完全清除。「因而於國立科學館、藝術館、中央圖書館、歷史文物博物館、音樂研究院及美國圖書館的六大文化學術機構相互毗鄰，總共僅三丈路之距離，而一覽無遺，成為臺北市文化之中心。」[34]毗鄰建中校園的南海學園就此展開。

科學館啟蒙式的科展，啟發學子對自然奧祕探索的興趣，藝術館書畫美展，又使你不知不覺建立美學的領受力，此外，中央圖書館的淵博，歷史博物館的悠遠，及美國新聞處的隔洋傳播，更是我們了解人類，尤其是中國文明史的浩瀚無垠，及知識道路的寬廣綿長；而植物園四季榮枯、循環不已的變化，亦於課堂上師長的教誨中融入無盡的生命力。[35]

民國五十六年畢業的林慧毅校友認為，賀校長開放門禁，羨煞其他學校的學子。[36]學校沒有門禁反而可鼓勵同學徜徉於優雅的南海學園間自發主動的學習，得以懷抱輕鬆心情到附近的植物園、美國新聞處、歷史博物館、國家圖書館、中山堂、牯嶺街與重慶南路書局等文教機構學習涉獵課外知識。[37]此時開放校園可讓學生體認學校沒有圍牆，許多認真的同學不僅沒有想要翹課或逃學，下課後仍一起相互研討。[38]這種自動、自發的開放學習，是許多建中校友難忘的珍貴記憶。民國五十七年畢業的謝炎盛校友記得當時全校至少有十三處出入口，可以隨時自由進出校門，如同大學一般。[39]

在早上十點鐘，有人才來上課，也有人已下課了。下課的人去了哪兒？我來才知

> 道，有些人是在南海路對面植物園內K書，徜徉在椰子樹下，有些則在旁邊美國文化中心接受美國文化的薰陶，有些則不知去向。學校上課時，有些教室內擠滿了人，連窗外都站滿了旁聽生，有些則門可羅雀。當時的校長是賀翊新，一位真正的教育家。有人也許會問著當時這樣的學風升學率如何？我記得當時在男校中，建中的升學率遙遙領先其他學校，比北一女則稍遜。我在建中第一個學期，即感受到這種自由、民主、多元的思想和作風，讓全國第一流的學子可以在這樣的學風之下培育出第一流的為人行事風格，而非只是做個聯考的機械人，這是我對建中的第一個印象。[40]

林芳郁在高一入學後，同學帶著他去校門口觀賞開放門禁後的「建中奇景」。同學們自動、自發、主動地決定自己的學習，正因為同學不全然受升學主義與聯考的壓制，更可展現出自己學習的能動性，所以依然表現出令人稱羨的升學率。故建中的開放校園，透過弭除學校的門禁藩籬，讓學生得以接受周遭人文環境薰陶，藉此打破「文化沙漠」中的困境，使青年學子的天賦、知識與人格獲得充分的成長。

過往學校的課表是由教師安排，往往考量的多是教師的需要，如每日皆能上課、分散教學堂數以調整體力，課表往往呈現散亂沒有條理的規劃。學生按照課表學習，接受不同課程中不同教師的教導，一節課五十分鐘，但每節課程彼此往往都是上下毫無關聯，學習容易缺乏連續性，學生只是被動地接受片段知識，宛如工作輸送帶上的物件，上課接受不同教師如同作業員製作安裝一般，在此學習的歷程，學生僅是欠缺主動意義的被灌輸容器。然而，賀校長不僅開放學生上、下課時間，更讓學生可以安排課室的學習時間。

學生自主調課看似是件小事，其實反映了允許學生自我安排學習節奏的開始。這讓主動又聰明的學子，看穿教育制度考量經濟成本下對學習的傷害，並「搶回」自己作為學習主體的權力。校友林信夫在擔任班長的一年間，深深感覺「有一件事始終被我認為是建中所特有，那便是申請調課」[41]。學生可以依據自己班上共同的需求，跟教務處申請調動課表安排的學習時間。孫慶餘在回憶就讀建中當班長時，被同學要求調課，尤其調換散落在不同時間的自習課，沒想到賀校長「決定一堂不行，連續兩堂就可以」，教務主任也同意，沒想到竟然成功了。[42]這讓願意藉由自習課實踐自主學習的學生有了更完整且充裕的時段，不同以往將自習課隨意安插，當作學生休息或允許教師補課、考試的空白課程設計。

另外，多位校友認為賀校長也在制度面上協助學生克服學習英文的困難。因為學校的自由開放門禁，讓學生自覺讀書要讀不讀是自己的事，反而讓大家都在比誰閱讀的課外書比較多。很多同學就因地利之便，趁著白天主動外出到學校旁邊的美國新聞處裡閱讀原文書，以接受先進的美國文化薰陶。[43]當時臺、美關係日益密切，青年學子興起一股「學英語潮」。臺灣第一份英文報紙於一九五二年創刊，[44]但英語補習班與電視英語教學節目還尚未普及，[45]青年學子不容易閱讀英文資料，普遍英文程度不高。[46]對此，賀校長延續了自己努力為學生聘任優良師資的習慣，請了一位外國老師來教授英語會話，焦仁和在回憶往事時直呼：「這在當時候延請外籍老師是很特別的，很少見到的。」[47]

資賦優異的學生有時很早就發現自己的天賦。校友曾回憶自己從小對語言學習有天賦，就讀建中的哥哥常帶他去學校旁邊的美國新聞處去翻閱外文書報期刊，偶然在美新處看到《讀者文摘》刊載一篇勵志小品，文章中有幾個詞，讓他想了很久才找到適切的中文翻譯。他在哥哥鼓勵下投稿《建中青年》，也順利刊登出來，這事讓他畢業長達半世紀仍難以忘懷。[48]

渴望被傾聽的好學生與《建中青年》

賀校長相信學校教育的功能在於環境的暗示與感召，而能夠產生這類教育作用者全賴益友的品行與良師的言行，然而這一定要從具體的表現才能彰顯它的功效。另外，青年人因為長期生活在升學主義壓力下，受困於考試與課本中，欠缺生活經驗，故應提供一處讓他們可以藉由嘗試與模仿的舞臺，來加以歷練與表現。

> 學校教育的功能在於環境的暗示與感召，而環境發育中賴以獲致暗示與感召最大最深的，莫過於益友的品行，良師的言行。此種無形中的微妙力量，如同自然界的聲光電熱，看似虛無縹緲，唯有在其成效結果上才能體現出它的存在。……青年學習的活動不外嘗試與模仿，……而嘗試根據模仿，創造又基於嘗試。……於是而溝通師生情誼，交換教學心得，反映生活情趣，貫徹作育意旨的學校之刊便應運而生了。[49]

《建中青年》於一九五四年創立發行，後因經費與賀校長離職等因素停刊，待賀校長在第二

《建中青年》

任期於一九五八年十二月六日出版復刊第一期。《建中青年》的發行，一方面可藉由師生相互溝通教學心得以擴展生活經驗，另一方面，可激勵同學養成好學深思的好習慣，因為學生要發表文章，則需多前往校內外文教機構以閱讀更多課外書，這不僅是種嘗試創作的具體表現，更是引導其他同學相互模仿的激勵學習。

在威權統治與「文化沙漠」困境下，校友們認為《建中青年》是當時唯一能讓學生自由發揮的校刊，甚至校刊還沒發行，外校同學就已經登門預訂。[50]當時的《建中青年》是由師生一起投稿，這和其他學校不一樣，內容都會扣緊時代性。因為當時出版業不發達，坊間流通的好文章不多，由一群十七、十八歲的同學憑藉自己的眼光與努力，堅持不懈地編輯出這本出色的刊物，能獲得刊登，在當時是非常大的肯定與光榮。[51]賀校長讓校刊從徵稿、選稿到出版都由學生完全負責，不只是校內流通，外校同學也都廣加傳閱。加上訓導處都不干涉《建中青年》的編輯，這在當時是非常前衛的舉動，且內容也刊載了課外活動的介紹，鼓勵同學應該拓展學科之外的興趣。[52]

在建中教學長達三十年的傅禺老師也間接呼應校刊發行的必要：

好學生的特點是不說話，上課不說話，下課也很少說，包括老師問到跟前。別人的事不說閒話，自己的事不說實話，談點什麼，全是課本上講到的那些冠冕堂皇的，他們不是不說真心話，而是不曉得什麼是真心，甚而不信世上還有什麼真心話。他們也會認為能調皮、能搗蛋才是表達出自己，可是自己又調皮、搗蛋不起來。瞧著別個同學羨慕、佩服，並替那些人瞞著、藏著，誰問，怎麼問全保密到底，甚而看電影似的，瞧著人怎麼處理。[53]

他認為像建中裡這樣的好學生，往往平日多不愛說話，喜歡看那些少數調皮的同學發表意見，自己總像個局外人似的觀察教師如何處理。但傅禺老師總有辦法讓學生聽他的話，這引起訓導主任和全校導師的興趣，想要請教他的祕訣，他只說出一句：「因為我聽他們的話！」[54]加上不少學生平日很少公開說話發言，卻常在週記上發表批評意見。[55]透過校刊發表，不失是一則藉由寫作聆聽學生說話的好方法。

許多學生也透過校刊嘗試探究學問的奧祕，養成良好求學習慣，開始探索屬於自己未來的興趣和發展方向，讓校刊展現多元且豐富的面貌，每一期多有國文、英文、數學、自然科學與社會科學等類的研究成果發表。校刊提供學生在高中時期對於課外知識的探索，亦讓不少校友畢業後成為不同領域的傑出領導者。曾昭旭直言《建中青年》的出版發行讓建中這個以培養理工專長為主的學校，其學生能另有一個心靈與文學的窗口，[56]培養全人的品味與素養。

健言社指導老師鹿宏勛曾發表文章宣導學生精進演講表達能力的重要性，並鼓勵同學參加校外比賽以磨練實力。[57]焦仁和在高中時期就展現他在演說方面的天賦，他回憶起自己參加校外比賽時競爭極其激烈的光景，讓從南部上來求學的他，得以見識到北部學生中像當時的二女中（中山女高）的洪秀柱與成功高中的劉墉這類的演說高手，這些參與課外活動的演講經驗對他以後大學的法律系學習、擔任大學學務主任甚至代表國家出外談判交涉，都發揮正向的影響力。[58]焦仁和在老師指導與校長鼓勵下，高二上學期從九月到十二月便榮獲五個演講比賽的冠軍，也因此讓他在學期間就榮獲建中的一等榮譽獎章。一般而言，在大學升學考試表現優異的上屆畢業生，才能夠在校慶典禮上獲頒一等榮譽獎章。焦仁和破格獲此殊榮，凸顯出賀校長認為中學生擁有優異的表達能力跟考上好大學一樣重要。

賀校長讓《建中青年》復刊作為溝通師生情誼的苦心，深獲有志同仁公開在校刊發文支持，不少教師自發地在校刊上刊載自己對教學的建議，例如主張死記硬背的教學無法讓學生靈活思考，會戕害學生心智的發展，應該藉由提問、啟發、論理來培養學生的興趣。[59]一位國文老師以園丁自居，在《建中青年》發表一篇意義深遠的「寓言」，文章以客人拜訪果園與園丁的對談為主：

焦仁和先生參加演講比賽。

焦仁和先生在校慶典禮上獲頒一等榮譽獎章。

焦仁和先生獲贈的榮譽獎章（正反面）。

> 二人正暢談者，沒提防「喳」的一聲，高樓窗上飛下一隻紙箭，恰好射中這位遊客的耳後根，他抬頭來望一望，樓上在激起一陣一片歡呼聲：「射中一顆遊星！」遊客笑著向園丁問到：「這些都是成熟了的良果麼？」「抱歉得很！」，園丁向他陪著笑臉說：「吾黨小子狂簡，不知所以裁之。不過狂者進取，也算是良果吧。」[60]

來參觀建中校園的遊客，竟被學生的紙箭射中，教師認為這是學生展現「狂」的精神。勸說遊客不要用守規矩、愛讀書的好學生刻板形象來評價學生的好壞，肯定自由校園培育出的定是良果。文章中客人直接詢問今年果園的收成如何，園丁回答以耕耘為本分。遊客肯定園丁不問收穫只求耕耘的態度，園丁卻認為耕耘正是為有好收穫而付出。遊客質疑這果園真能收穫皆可獲得市場上認可的良果？園丁肯定此園地都是栽培成熟又有良好價值的果實，但並不遵從市場法則，他只管生產不管分配，更非成果推銷員。因為價值是需要計算的，沒有絕對的貴賤，園丁僅依果實的天賦幫助它順勢成熟。[61]這篇文章寓意深遠，除了是與學校同仁分享教育的價值並非是由市場升學主義所決定外，更重要的是，期望教師同仁都能以培育學生天賦的園丁自居，可見賀校長的教育理念在建中得到不少教師的支持與擁護。

市場上鼓吹的升學主義功利取向，不可諱言地讓建中學生在面對未來選擇時感到迷惘，像該如何選組？是依循家長意見？未來社會出路？校園選組風潮？還是個人志趣？從校刊中可以聽到建中生的心聲：

高三有十個班，其中有八班同學都選擇念甲組*，其中甲組除醫科外，選擇讀物理的同學也頗多，何以致此？因為當時美蘇長期處在冷戰時代，兩個軍事強國競相研發火箭、彈道飛彈及探測太空，國內因經濟的初步發展，正開始建立紡織、食品、機械、電子零組件等工業，及加強基礎建設，服務業尚未普遍，故九十%的同學都選擇理工科，此舉也易於出國留學。事後證實，讀理工科在大學畢業後，選擇的占八十%以上。[62]

一九六二年畢業的校友觀察到一個普遍現象，建中生選組往往是考量社會需要與未來出路，多選擇以方便就讀大學理工科系的自然組為主，導致選讀社會組（乙組）的同學數量稀少。畢竟形勢比人強，一些高中三年「寄生」在自然組，最後卻選考大學文法商科系的學生，認為自己做了「沒出息」的決定。在自我懷疑之餘，僅能透過關注人文社會科系校友的成功個案來尋求安慰。[63]選讀社會組（乙組）的這群弱勢團體被諷刺是「大陸來臺的殘餘部隊」，尤其當全年級二十五個班中僅有一個乙組班時，他們還著文反擊批評選擇自然組的同學是功利主義的追逐者。[64]社會組同學的反擊招致更多攻擊，學生直接在校刊上指出選擇人文社會科系的同學是群奇怪的動物，雖有熱情理想，但未來人生發展道路應該是崎嶇不平的。[65]

學生認為選讀社會組將會沒出息的言論引發了教師的關注，隨即在同年的下一期校刊撰文釐清分析「有出息與沒出息」的差異：

> 人不能沒出息，但出息卻不在乎學什麼，丟開自己的志趣，甚而不想有志趣，只跟在人家身後，一味在職業，出路上論高講低，已經沒有多大出息了。……路是人走的，地上也不只有一條路，合自己的志趣的路才最寡最平，若能給人類多開出一條路

＊注：在民國四十三年至六十年，大專聯招分成甲組（理工）、乙組（文哲）、丙組（農醫）、丁組（法商）共四組，其中甲組、丙組為自然組；乙組、丁組為社會組。

來，才真是小子的出息呢。並且對年輕人沒有來不及的勾當，被一塊小石頭絆倒而爬不起來，甚而借機躺在地上撒賴，一勁兒的自傷自嘆，那才叫真正的沒出息。[66]

數學老師傅禺勉勵乙組同學應該勇敢做自己，依照自己的志趣選擇適合的未來道路，不要只憑出路來評論自己有沒有出息。勉勵建中學生能不依憑別人開闢的路徑，自己為人類開闢一條大路，這才是真有出息！傅老師希望建中生不要依附社會潮流期待的功利標準，要勇敢選擇自己未來的發展方向。

此文發表在一九六〇年代中期，當時臺灣工商業逐漸發展，導致社會風氣日益奢靡，[67]在此社會風氣下，導向社會大眾一味追求財富，在教育上更助長升學主義橫行，學生反成為會讀死書的機器，求學只求分數，缺乏合群守紀的公德心。[68]在建中不只一位師長曾勉勵提醒同學在選擇大學科系，除實際分析自己主觀條件與興趣外，上大學後仍可多選修旁聽不同課程，觀察自己的學習能力。千萬不要受社會風尚所左右與欺騙。[69]

同學們選讀建中就是因為建中是升大學的第一志願，升學主義正是讓建中享受光環的重要社會風潮。作為升學主義的獲益者，該如何看待升學主義？編輯校刊的學生認為作為高中

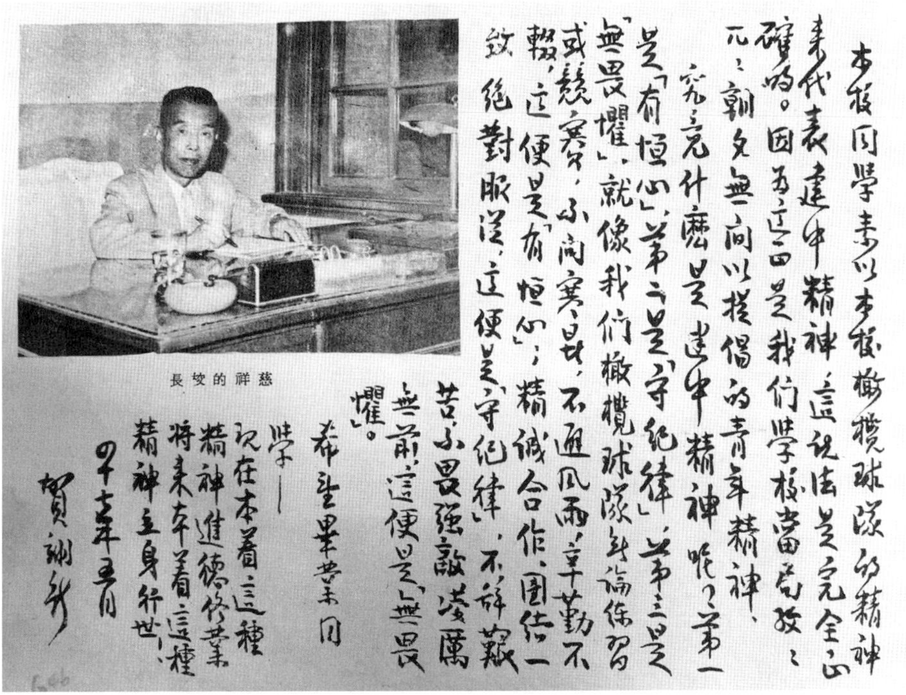

慈祥的校長

本校同學素以本校橄欖球隊的精神來代表建中精神，這說法是完全正確的。因為這正是我們學校當局孜孜兀兀訓勉無間以提倡的青年精神。究竟什麼是建中精神呢？第一是「有恒心」，第二是「守紀律」，第三是「無畏懼」。就像我們橄欖球隊終年練習或競賽，不問寒暑，不避風雨，辛勤不輟，這便是「有恒心」；精誠合作，團結一致，絕對服從，這便是「守紀律」，不辭艱苦，不畏強敵，凌厲無前，這便是「無畏懼」。

希望畢業同學——
現在本着這種精神進德修業
將來本着這種精神立身行世！

四十五年五月
賀翊新

賀校長曾在畢業紀念冊留言中勉勵同學，日後定要發揮「建中精神」，他認為這是：有恆心、守紀律、無畏懼的展現。

生的考驗就是升學考驗，他主張這也是對同學是否展現「建中精神」的一個考驗，[70]學生直覺地以為發揚「建中精神」就是要衝高升學率。賀校長則提醒同學，現今社會大眾多以升學率的高低來判定一個學校的好壞，容易認為中小學教育完全就是為升學主義服務，這種看法似是而非，忽略在學校學習做人處事的部分。[71]

賀校長的話顯然說服了校刊編輯，同年的下一期校刊，接受感召的編輯們馬上調整對升學主義的評論，主張升學主義不重視體育和德育，這並非教育正途，認為建中學生有責任扭轉這時尚風潮。[72]就讀臺大的畢業校友覺得此議題非常重要，隨即發文校刊加入討論，鼓勵學弟應為學問而學問，培養好學深思習慣，不斷自我精進。[73]或許是升學主義的盛行容易讓學子迷失，兩年後，編輯校刊的學生指出當前同學們多臣服於升學主義，求學一心只為爭取分數，提醒同學為成績表現的奮鬥精神固然無可厚非，但不要因此曲解為學的真諦。[74]賀校長發現同學很容易陷入追隨升學主義潮流的迷思，再度發文指出建中的確是屬於普通中學，高中成立的目的就是要升大學，同學不升大學就不能求得高深的學問，但升學主義只求速成，導致忽略學理與基本觀念，容易讓同學知其然而不知其所以然。加上校名「建國」，又在復興基地上，建中生不可滿足於考上好大學，更應承擔時代賦予的使命。故他希望同學都能繼續深造，但做學問要循序漸進，默識心通，運用才能左右逢源。[75]

此時升學主義盛行，賀校長卻希望教師教學不要太依賴背誦與考試，他認為有些教學若太強調記憶，學生很容易會忘記，如果一直考試與強調死記，學生會失去學習自發性，學生將沒有讀書計畫只是為了應付考試而唸書。[76]學生也曾經在校刊上針對教師若常在課堂安排考試，容易讓學生以為師生之間僅存在升學主義下的利害關係提出反思。[77]

賀校長也制定許多方便政策，賦權學生得以自由地探索興趣，方便選擇自己未來出路，這在當時是頗為特立獨行的決策。像校友文瑞表示，自己便是藉由擔任校刊主編，從中體認到自我性格中的矛盾與糊塗，也意外獲得許多經驗和發現自己的個性喜好以及未來適合自己的道路。[78]一九六四年高中畢業的杜湯銘回憶，建中師長並不強迫學生一定要努力專注在課業的成績分數上，像當時北一女中曾規定選唸甲組學生須學期平均分數要達八十分以上，他自豪建中沒有此種規定。[79]不少學校怕學生落榜影響升學率，規定每個學生聯考填寫志願時都要填好填滿，甚至多達八十至一百個志願左右。有校友回憶，記得北一女有一位學生僅填寫二十個志願，就被校方退回重填，但這在建中並不曾發生過。[80]教師也呼應校長的主張，主動協助同學與家長溝通，讓同學得以選擇屬於自己志趣的大學科系。[81]

特立獨行

賀校長相信給予青年學子全人教育與更多自由的思考空間，將能培養他們獨立思維能力。賀校長網羅禮聘的優秀教師，願意在建中的校園實踐這樣的想法：

賀校長堅持培育五育兼備的建中人，除了學科之外，也非常重視術科教育。他更給我們這一群十六、七歲的年輕人相當大的自由空間，讓我們偶爾到喜歡的課堂去旁聽，在他這種獨特的作風下，許多老師也採用較為靈活的方式教學，不逼學生唸書，甚至選用書本和大學一樣，沒有一味地追求分數，在這自由的教學方式下，就像一塊豐饒的土壤讓種子自行發芽生長，日後培育出不少有獨立思維的建中人。[82]

他們跳脫升學主義鼓吹的記憶背誦方法，運用靈活的教學策略，引導學生在不追求分數的開放空間中，思考探究學問的方法。焦仁和記得，賀校長對於優良師資的延攬不僅在學科也在課外活動上，尤其當時其他的高中並不那麼重視社團活動，但他卻延請體育界頂尖的高手來指導摔角社與柔道社等社團，也曾聘請外國老師每週兩小時來教同學英語會話。[83]當建中生接受這些非考試科目校外師資的洗禮，將可打開升學考試的視野，探索追求自己的興趣發展。

張瑞恭表示，自己印象最深刻的是民國五十二年剛入建中的第一節課。數學老師傅禺叼著一支煙斗，掃視全班同學們一眼，二話不說，轉身用白粉筆在黑板上寫了四個大字：「特立獨行」，讓他這個來自苗栗鄉下的孩子茅塞頓開。[84]吳輝雄認為建中開放的風氣，除了當年賀校長的堅持之外，音樂老師張世傑也發揮了某種程度的影響。音樂並非考科，但張老師作為導師，他從不用教條式的說教，而是從人性化的角度去感動與警惕學生。[85]沈哲鯤曾回憶當時身為訓導主任同時也是公民教師的趙毅，他常用歷史小說中的故事來論述人生哲理，並不重視成績，甚至跟學生說，你想要分數多少就給你多少分。[86]

馬英九高中三年印象最深刻是歷史老師孫靜山，有一次孫老師講課到一半問同學說：「你們大專聯考地理和歷史是不是合起來考？」沒想到他教那麼久還不清楚聯考是怎麼考的？這是因為在孫老師的想法裡，聯考是學生的事，他教他的歷史，不是為了考試，是要能夠闡述歷史事件的來龍去脈與微言大義，好讓學生能對歷史有宏觀的掌握，這種教學法讓他很受學生歡迎。[87]甚至不少同學因此將歷史系作為大學的第一志願。[88]秉持孫老師這種教學方法的老師，在建中並非少數，且他們往往是學生記憶中的「最愛」。這些不依循升學主義考試導向的「性格大師」們，讓優秀學生們在自由學風中明瞭什麼是做學問。這不僅在教學中體現自由校風的魅力，也向學生展現建中校園揚棄升學主義的意志與決心。

校友曾昭旭在大學畢業後曾任職建中，他認為賀校長從不干預老師的教學，老師可以依照自己的人格特質，自由發揮教學長才展現教學風格，在建中造就出非常多的性格巨星和多位大師。[89]在升學主義盛行的時代，這些「性格大師」們不甘臣服於為考試服務，自由的校風讓他們毫不保留地跳脫教科書與升學主義的框架進而展現自己的教學長才，透過便給口才與人格感化來影響這一群優秀青年。即使一九五〇至一九六〇年代大學陸續增設並甄聘教師，這一群相信唯有自由校風才可以培育人才的優質教師們仍願意留在建中展現才情，發揚「第一志願」的獨特家風，繼續教導優秀學子做學問的真諦，「得天下英才而教之」正是讓其未來足以安身立命的價值所在。

學者認為，教師是一個在相當獨特職業背景下工作的專業群體，在重視社會關係的學校生態圈環境中，才能夠討論並探究教師能動性。教師生活在學校關係網路中，常運用社會資本施展能動性，[90]學校內強制的權力結構，將決定教師所能擁有的資源、利益、信任、權力和限制，[91]此在威權時代尤為顯著。

建中無論是校長、主任或教師的言論，多傾向支持自由校風，這些擁有話語權的權力者將主導建中教師群的教學方向與想法，並引導著學生們施展能動性的方向。學者發現，一般教師的教學目標很容易呼應政策或滿足現實的需要，對於課程設計與教育哲學的認識其實是模糊且表淺的。[92]學者也指出，教師總是在具體教學行動現場當下施展他們的教學信念，因這些信念是根植於他們過去的專業成長經驗中，在面對學生時，他們的教學信念會轉化成改變現狀的期望形式，藉由豐厚的教學專業落實為實踐目標，並且強烈的賦予此時此地之行動能動性。[93]

建中校友們口中所稱許的這些「性格大師」，他們之所以敢於不依循升學主義的考試導向，在自由學風下施展其教學魅力，引導學生思考如何做學問與做人處事的道理，是因為他們本來就是賀校長網羅的各學科領域的專家。這些飽學之士已能自由出入學問堂奧，自能輕鬆地抽絲剝繭、循循善誘地引導學生思考，特立獨行地展現教學的能動性，並也憑藉自己的言教與身教暗示與感召學生展現自我的能動性。

建中的自由校風，順任學生優異天賦而輔助其自發成長，這種不壓抑、多鼓勵信任的教養方式，讓外界容易對建中學生有著狂傲的刻板印象。[94]但中學生自小多是在打罵教育的壓抑風氣下學習，來到建中這自由開放的土壤，在開放校園與特立獨行教師的身教與言教上涵養茁壯，逐漸展現開放多元、自動自律、好學深思的良好學習習慣，並從他們身上體現建中校風的獨特氣質。

三、形塑校風

建中精神

賀校長認為，建中是間具有歷史傳承的優質學校，理應要有自己的獨特校風。而他讓《建中青年》復刊，目的就是希望透過文字交流，最終能形塑獨特的建中「家風」。[95]他不只一次提到建中的校風：

古代士人對於同門的關係非常重視，同一師門薰陶出來的弟子，無論為學做人，往往都有一個定型，而且終身言之不懈。時代更易，今古之義自不必盡同，今天的師門恍惚一個大家庭，弟子們所受的師訓是多方面的，當然不能治成一型，不過就拿家庭的意義來說，凡是一個具有歷史系統的家庭，似乎也會形成一種頗具獨特性的家庭，這個孕育我們三年乃至六年的建中大家庭，自然多少有些值得我們眷念不忘的故家風味。[96]

他相信「人類有一種共同的美德，重視前人履跡，這就是所謂不忘本，不抹煞開創者和開創時的歷史意義，於是常有崇德追遠、光前裕後的心理發揮出來，演成一些優美的社會風尚」。[97]主張應該要將建中校風中優美的風尚，一代代傳承下去，認為這是種不忘本的美德。

賀校長曾在校刊封面背後用毛筆手書「發揚建中精神」六字。[98]然而，什麼是「建中精神」？校友回憶最常提到建中的自由校風，它不僅表現在門禁，也在上下課時間，更在教師對學生的管教上。

自由，在建中處處表現出來。形在眉梢，形在嘴角，形在蹦蹦跳跳的歡鬧裡。在六千腦瓜裡你找不到兩顆相同的思想，就如你在建中找不到兩排一式的建築一樣。假如你聽課心不在焉，你可以走出教室散步去；假如你有習慣將紙屑扔在地上，不要擔心訓導主任就在你的後面，有一回我就看到那個矮矮的訓導主任，撿起了前面兩個啃冰棒的同學扔下的紙屑，然後不聲不響地扔到垃圾箱裡。自愛，在建中裡被充分訓練，假如你喜歡遲到，你在下課前十分鐘進教室都可以，但你不要弄出聲音，不要驚動其他同學的夢境。[99]

上述訓導主任寬容的管教態度之所以會存在於建中校園，主要是因為賀校長所形塑出的自由校風，當時應是全校師生有目共睹。有些老師認為這是賀校長刻意把北大的學術自由風氣帶到建中，他並不採用命令式管理與時下流行的打罵教育，而是期望大家能自覺、自發、自愛地善盡自己本分，[100]也常邀請大學教授在週會專題演講時闡述自律的重要。[101]但校友們總是記得自由的美好：林芳郁回憶高二時由於當時電視不普遍，學生普遍聽流行電臺廣播。某一天音樂性廣播節目傳來，「下面歌曲是建國中學賀翊新點給北一女江學珠聽。」原來是學生藉由公開廣播節目開建中與北一女兩位校長的玩笑。隔天建中熱鬧滾滾，訓導處主張嚴辦，賀校長朝會宣布「你們這些小孩子要好好讀書，不要太皮啦。」這個驚動臺北市兩大「第一志願」校長的大玩笑，在賀校長的寬容態度下大事化小，小事化無。[102]

建中生享受的自由開放是全國中學生羨慕與談論的話題。學生們從親友口中總會得到建中生會玩又會讀書的「狂」印象，這種「第一志願」的光環，似乎已深植在南部人的心裡。自由校風讓建中生翹課到校外少年隊會取締的撞球室打球，[103]或在上課時間出入戲院與書店，這更讓別人視他們「愈來愈狂」。[104]例如，曾在嘉義讀初中的焦仁和認為，會打球跟會讀書的應該是兩種不一樣的同學，但來臺北讀建中卻發現兩種特質居然同時出現在同一群人的身上，令他深感訝異。[105]也就是建中給外界的「狂」印象，當全國中學生持續受到升學主義壓迫時，建中生卻能置身於外界的壓力之外，繼續「享受」自由開放的青春歲月。

然而，要十六到十八歲的青年在自由校風下自動自發學習，似乎還需要更多情感與意志上的支持與警惕。爬梳校刊，仍可發現不少同學在自由校風下渾渾噩噩、無法自發學習的「懺悔」，有的是自由地忙於課外學習，以致荒廢學業，也有的隨波逐流，始終拿不出勇氣自我革新，以至於信心喪失；[106]很多學生覺得建中給予的太多，但自己卻沒有留下任何東西。[107]也有檢討自己享受著考上建中的光榮，但只知道調皮、搗蛋與胡混。[108]同學往往以為考上建中後就此天下太平，享受自由並盡作些不務正業的勾當，聽到師長勸告又往往反抗不理，最後只能從甲組轉到乙組來逃避課業。[109]很多同學則是檢討自己為求取高分在考試中作弊，[110]作弊風氣盛行，以致校刊編輯公開批判這不合算、不誠實的投機行為。[111]也有同學檢討同學在自由校風下暴露的利己主義、浮誇自大、醉生夢死、獨善其身等習氣，認為這不該出現在全省最好的高中。[112]

建中揚棄以往壓迫式的督促管理，希望藉由自由學風，讓同學自覺培養主動學習、自我鞭策的習慣。但面對自由的誘惑，如何能轉化調適成自律？賀校長也知道不少學生迷失在自由校風中，他曾對各班班長的訓話中提到：

在入學考試時，大家都以母校為第一志願，但是進了建中以後，猛然會覺得當日常課業學習並不像一般學校靠老師填鴨式的緊迫盯人，而全是在一種啟發式的教學下，由同學們自動自發地在老師的啟導下完成課業，對於剛進學校的人來說，最初頗不易適應，慢慢地才領悟到這種學風的真諦。逐漸使自己由以往養成的被動式教學下的習慣，調適成主動學習、自我鞭策的新習慣，這種習慣一直帶到大學裡去。[113]

賀校長提出實踐「建中精神」的重要性。當時很多人認為，橄欖球隊的精神足以代表「建中精神」[114]，當時建中橄欖球隊「成為鐵一般之身體，鋼一般之意志」，連續十九年蟬聯全國冠軍，展現堅忍、沉毅的意志。學生們認為：「建中精神是什麼？是不避風雨、不畏困難的精神，勇往直前、貫徹始終的精神，盡心盡力、爭取榮譽的精神。」[115]「建中精神」並非是一種外加於學生的要求，而是早就存在於建中學生的內在召喚。

建中橄欖球隊曾連續十九年蟬聯全國冠軍，橄欖球隊的精神足以代表「建中精神」。

中央研究院院士陳定信校友認為，他在建中校園跟一群氣質相同且資質極優的同學互動，這群聯考勝利者，在自由校風下展現著狂傲的氣質，狂者進取，這種狂傲的自信會增強尊重不同意見的自由平等素養，和爭取自我榮譽與不認輸的性格，他認為這兩者是建中培養他健全人格的兩大要素。[116]自由校風讓一群資優學生相互學習如何在積極進取或沉溺誘惑之間作出選擇，「建中精神」的堅忍沉毅，除可對治學生不敢自學的問題，增強他們自我探索的勇氣外，也可讓同學日後出社會「能有勇氣與智慧特立獨行地，拒絕種種誘惑引誘」。[117]

一九五七年考進建中初中部的校友林元清，因為迷上武俠小說，在初二時慘遭留級，幡然醒悟後重新振作，一九六一年考進建中高中部，又沉迷體育活動荒廢學業，高二下學期幸經導師提醒方懸崖勒馬及時回頭。[118]資質優異的建中生雖曾徬徨放縱，但只要願意覺醒，總是可以秉持刻苦耐勞、不怕失敗的「建中精神」逆轉困境。[119]很多校友肯定自由校風與「建中精神」，認為這對他們的人生產生了重要的影響。曾昭旭回憶起自己當年擔任校刊主編：因為自由學風，校方完全信任編輯學生的態度，讓他們擁有從無到有的創作經驗，這是一般中學生難以體驗的。他也因投入校刊編輯而荒廢學業，加上老師又不收作業，他最後是從高三下學期靠著自己的力量，不畏艱難地一頁一頁用功讀書把成績給拉回來。在訪談時，他拉高聲調地強調著「這樣的經驗，對我人格的形成有著正面的意義，也就是這一切都是在自主的狀態下完成的，沒受到家長與社會風氣的影響與壓抑，這讓我學習到如何成長得更像自己，也獲得了更充分的自我肯定」。[120]若把「第一志願」改成學生最想要就讀的學校，在曾昭旭的「勵志」故事裡，可以看見建中讓他學會自己作主、自我實現與自我肯定，對他而言，建中毫無疑問當是「第一志願」。

像林元清、曾昭旭這類曾因享受自由過度，而在學習路上跌倒，最後仰賴自律、自強而重返榮耀的故事，在建中應非少數，校友孫宇平回憶提到：

> 有些同學（包括我在內）見老師不逼，就樂得大玩特玩，結果考試成績一下來，紛紛慘遭滑鐵盧，我們也由一次一次的教訓中，慢慢悟出道理，從而修正學習的方式態度，這開放自由的教學方式，就像一塊豐饒的土壤，讓種子自行發芽生長，日後培育出不少有獨立思維的建中人。[121]

因為有自由，可以盡情地探究學習，但仍需仰賴自律給予節制，終不致放縱無度；也因為自律，才不會隨波逐流，但正是因為有自由的包容，總有些彈性可以滿足好奇嘗試與冒險探索，可以讓學生明瞭並體會「有所為有所不為」的真諦。由此可知，自由校風與強調自律的「建中精神」宛如人之雙足，在邁開人生道路上缺一不可。或許在威權時代，彰顯自由校風更可凸顯建中的價值，即使賀校長退休，自由校風依舊是建中的特色。當同學畢業事業有成後，回首年少青澀年代，多以感激建中校風將其視作國家的未來希望，讓其自發成長並培養恢弘氣度，同時信任且肯定他們。[122]

外在責任與內在反思

當所有中學生的全副精神盡忙著為用功讀書考上好大學而打拚之際，賀校長卻曾語重心長地告誡建中生要放大格局與視野，延續學校光榮的歷史傳承，並努力擔負起建設國家的責任。尤其當功成名就後，不要隨即背棄國家，轉而為外國服務。賀校長希望建中生不要出洋留學並學術有成後，忘記回饋家園反造成臺灣「文化沙漠」的幫凶。

在社會人士看來，我們建中的學生總要高人一等的。當然他們的看法是根據我們學校過去的光榮歷史而來，但是你們可不能只靠學校的光榮歷史，相反地，學校的光榮歷史但要靠你們出去之後做持久的努力來維持延續，更加以發揚光大。那就應該說，建中的學生所負的責任要重人一等了。……有些後起之秀，成了名，立了業，竟別具肺腸，甘願背棄祖國效勞他人了，我想大家也曾聽到而加以唾棄。[123]

賀校長非常在意這件事，曾在校慶時提到建中畢業生海外留學歸國服務，讓文化得以繼續傳承發展是最值得慶祝之事。[124]校刊並曾特闢專欄，介紹優秀留美校友鄭洪博士，婉拒改入美國籍的光榮事蹟。[125]賀校長深信「將來建國人才便多出自於我們建國中學」，[126]經常提醒學生「校名建國，求學目的何在？不可言喻要能兼負建國的重任。」[127]他苦口婆心地提醒同學，求學不是只為謀取自己的功名，希望這極富理想性的校風，能讓同學「覺得天下的重任都在自己的肩上」，善加造就自己，好成為國家的希望。[128]臺灣此時期的國內政治、經濟、社會各方面發展都需網羅人才加以振興，賀校長對建中生的提醒，呼應時代需要，也因應時局調整「第一志願」扮演的角色與價值。這種對學生的「建國」期待，非常符合戰後臺灣歷經政治外交困頓亟需復興的現實需要，此種就讀第一志願，理應肩負時代任務之論述，教師們自然也發文肯定。[129]

建中青年學習課業充實成長，是為擔負著振興國家的責任，在社會輿論與師長期待中，建中生未來想必是國家棟梁或社會菁英。然而，學習不僅是透過感官向外認知與分析，作為獨立思考的學習者，其心靈亦會有關心存在意義與人生價值的內在需要。建中生想要跳脫外界的期待與界定，拋開「第一志願」的光環，真實地面對自己，試圖反問自己生命的意義與活著的價值。這時期的校刊不乏此類的文學作品。同學們認為這個問題縈繞於每一個人的腦際，「尤其富於思考、富於幻想、富於感情，對人生充滿迷茫的青年們」。[130]當建中生走出校園，獨自漫步在飄著微雨、靜謐的植物園中，叩問自己到底生命的意義是什麼？反思古往今來的偉人、平庸之輩或小人，「雖同是萬物之靈但腐骨一也。孰知其異。」[131]

建中生總能引領風潮，與其說是外校同學「關注」建中學生狂傲的表現：不僅敢玩又會唸書，不如說是建中生敢於透過提問，運用教師教導的思辨邏輯與自己自發閱讀的課外學術書籍，寫出足以引發全國中學生迴響的文字。當時的建中校刊是少數完全由學生主導，且一出版就會寄給全國中學的知名刊物。[132]當熱愛探究的建中學生以好奇的眼光探討當時流行國際的存在主義哲學並發表在校刊上，不僅吸引建中學生的關注，[133]也造成全臺中學生極大的迴響，校刊一出版就被外校搶索一空：

> 記得最盛時期，應該是三十六、三十七到四十幾期，這幾年間編輯是徐錚、錢永祥、李潮雄、陳曉林等，現在都已經頗有名氣，而錢永祥的「致友人書」，陳曉林的「我論瓊瑤」，張復討論存在主義大師海德格「存有與時間」的文章，都引起外面校外友人的注意，而陳曉林更因為在中副投稿「覆霄宵」，結果不但有無數的讀者寫信到建青來和他討論，並且引發了大家普遍對「存在先於本質」的興趣和討論，存在主義的盛行。[134]

《建中青年》第三十六期至第四十期出刊大約是一九六五年至一九六七年左右，恰是賀校長第二任的末端。在自由校風下，建中學生藉由校刊發表關於存在主義理論與閱讀瓊瑤小說的獨到心得，造成龐大的迴響，甚至投稿到主流報紙刊物上。

這些在建中校園歷練思考與表達能力的學子，總會扣緊中學生關心的議題，將閱讀思考的心得轉化成鋒利的文字論述，代表中學生真正說出他們面對環境壓迫下的心聲。尤其是當大人們想要收回建中學生原本的自由時，他們提出質疑並加以反抗。在賀校長即將退休前夕，學校訓導主任檢討過往校規中有太多的自由，發文校刊希望同學思考自由的真諦，並以「在國家自由的原則下個人自由才有憑藉」原則，試圖規範今後同學自由的範圍。這篇文章發表後，馬上有同學發文批評討論，並要求讀者「或請看完全文，或請一字不看」來要求讀者細讀深思，並對於訓導主任想要緊縮自由校風的論述一一提出反駁，最後列出參考書目，懇請讀者「大家都來評評論論，使自由不要被任何人有意的或無意地歪曲，那麼我們就更向民主自由的境界逼近了」。[135]

賀校長的第二任期為一九五七年八月至一九六七年一月，這十年間透過開放校園、校刊書寫流通，與校長、教師與同學相互沉浸在自由校風裡，日以繼夜地習染、模仿與感召，培育出眾多充滿能動性的建中學生，他們孕育在自由校風與懷抱「建中精神」，自動自發地學習成長，不僅敢提問試圖反手收回自由的師長，他們更將視角擴大到當時社會、政治甚至外太空的宇宙，自由校風讓他們敢於思考，也敢於問出那個時代大家共同的好奇。

校友陳漢平原籍金門，在金門遭受戰火洗禮之際，舉家遷至臺灣。[136]中學時就讀建中，週六下午他總是像一隻熱愛咀嚼知識的怪獸，沿著重慶南路書店街至牯嶺街舊書攤覓食。他發現一九四九年眾多軍眷渡臺，也讓各種書籍流落江湖。一九六五年至一九六七年間，正好是一九四九年出生的一代就讀高中的階段，當他們進入建中校園，建中的自由校風讓同學敢於發問。陳漢平在廣泛閱讀書籍後，想試著為一九四九年出生的世代，提出那個時代存在著許多的好奇：

那是個充滿問號的年代，卡繆異鄉人獲諾貝爾獎是當代文藝主流。世人的疑問比屈原〈天問〉還多。一九四九年後，多數人問：我為何在這裡？將來怎麼辦？是誰造成的？誰能來救我？幼小的心靈也會問：人生的意義是什麼？我是誰？我在哪裡？我覺故我在嗎？我思故我存嗎？當時也會認真思考宇宙起源究竟是什麼？在外太空是否有其他生物？夜晚獨坐草地，望著天上一顆星，我會想在那顆星上會不會有一個人坐在地上望著我？有人認為建中學生太安靜，上課不喜歡發問，他們必定沒見過建中學生上物理課，學生們踴躍發問情況，連老師都會吃驚，下課鈴響，問題卻沒問完。……少年時代文藝夢想，並未改變過探索科學的宿命。在紅樓時，有人曾問：「建中精神是什麼？」體育老師回答：「就是橄欖球精神」，軍訓教官回答：

> 「是化不可能為可能的精神。」不可能的事都真能化為可能嗎？但是當時真的相信了。一九四九年後，那些「誰為為之？孰令致之？謂之奈何？」的問題，就像屈原的〈天問〉或許永遠都找不到答案。或許那些問題本身就是它的答案。或許它就是答案，那麼他的問題是什麼呢？問題是：「處於亂世的人，應該思考哪些議題？」國文老師引述張載為學之目的，在「為天地立心，為生民立命，為往聖繼絕學，為萬世開太平」。幸好當時深信不疑，才享受到少年夢想的樂趣，也才能邁向一個有理想、有原則、肯努力的人生。至於當時的理想，是否真的具體可行？會不會只是一個神話？現在想起來其實並非那麼重要。原來人生夢想，也像宗教信仰一樣「只要相信，就必得救」。[137]

為什麼會丟掉大陸？風雨飄搖的中華民國的未來是什麼？當美俄冷戰將戰場擴展到外太空時，視角拉到宇宙大氣層之外，更讓問題變得更廣又更大了。青年時期又遇到存在主義浪潮，流行發問著：人生的意義是什麼？我是誰？這些問題或許沒有答案，許多問題太過敏感也不允許公開提問。「建中精神」還給青年學子一種信仰，深信著為學的目的不是為自己，是為天地、為生民、為往聖與為萬世謀福利，這個夢想給予青年一個懷抱理想、相信努力的人生，還鼓勵同學秉持「建中精神」不斷地探問，這就像人生的夢想一樣，沒有人知道未來會如何，但敢於發問就是種對不確定未來的持續追求，也因為發問與探究才能確信自己的真實存在。

量子領導

傳統的領導理論常將組織成員視作系統中具有等級階層的角色，彼此在共同目標與流程下解決問題並完成任務。賀校長回歸建中的第二任期，始於擺布不開，充滿主、客觀限制的困境，尤其臺灣社會於一九五〇年代的「文化沙漠」結構成為當時教育文化的難題，也是任何有志於推動學校改進者的艱鉅挑戰。此時建中已是升學主義潮流下的「第一志願」，賀校長只要延續著第一任期管理師生繼續在服務升學的辦學目標，即是社會輿論肯定的好校長。

然而，他卻懷抱著讓「第一志願」成為永遠「第一志願」的成長心態，希望學生能成為自發、自動、自律的終身學習者。賀校長第二任對於建中校園施展的學校改進事先並未與教師們和學生充分地溝通與討論，當然也不可能確認此理念是否能獲得多少支持，尤其在

建中校門與容納六千名學生的建中放學時大門的擁擠。

建中自由校園裡師生們都擁有充分的自主性，是故，改革的推動歷程是在不確定的狀態下進行。此時建中是容納近六、七千人的大學校，賀校長已邁進六十歲高齡，身邊又無得力助手，他竟然意外地創造讓往後建中學生傳誦禮讚的傳奇，展現出量子領導（quantum leadership）的魅力。

在量子領導中，組織成員的關係往往是不可捉摸的，事件是不可預測的，試圖控制是一種幻覺。每位具有自主性的成員共處於彼此吸引所形成的能量場，領導者只能透過非線性的互動觀察彼此的連結，而量子領導者會散發自己的魅力，來吸引組織團隊表現出不可預期的創意，而成員的加盟是自發而非壓迫的，是一種共同創意的合成，透過組織成員發揮自己的天賦、能力與價值，秉持自發的力量相互疊加、衝突、轉向與合作來實現願景。[138]

賀校長藉由在《建中青年》發表的文章，或是開放的校園活動與朝會、校務會議等機會，傳遞自己的教育理念，然而並未強制要求教師與學生支持或響應。建中校園內的教師多是各學科的專家，對於教學自有其方法與定見。教師在課堂上或在《建中青年》發表的呼應文章都是自發的，也是不可預期與控制的。考進人人稱羨「第一志願」的學生們多懷抱著自我意志，雖浸淫在自由校風，學習非皆一路順遂，常常跌跌撞撞，陷入迷失放逸者亦所在多有。考試招生進來的學生在升學考試的洗禮下，多往往是努力認真讀書但不太愛說真心話。

賀校長藉由打開校園門禁，落實自由校風，打破升學主義規範下的課室時間，更讓學生可以自己決定自主的學習時間。試圖透過校刊出版，並賦權學生邀稿、編輯與審稿業務，這份獨步全國的刊物為理工專長的學子打開一扇關懷人文社會的窗口，更吸引有志同學願意從咀嚼吸收校內外資源的養分，轉化為帶著理性邏輯思辨與反映中學生感性心聲的篇篇文字，

賀校長照片，賀校長於一九六七年退休後，繼任的崔德禮校長邀請他參加畢業典禮，學生拍攝他已是七十多歲的身影，仍不忘寫下「他永遠看著建中的成長」，並將此照片放在畢業紀念冊上來表達對他的感念，也可見他的付出獲得諸多學生的肯定與懷念。

這讓校園轉而蛻變為師生彼此可以相互對話交流的共有能量場域。

學生主導的刊物每期都呈現充滿創意的作品，感動不少教師也在這文字園地發表自己對第一志願教學的願景與心得。校園中靈活教學的性格大師常是學生筆下稱頌的對象，這些老師亦在校刊分享回歸學習本質與揚棄升學主義的教學方法。賀校長也適時提出應景的感言，並闡述自己辦學的理念。再加上畢業校友的投稿加持與非凡成就，讓建中學生以成為「建中精神」繼承者為榮。於是校長、教師、學生在充滿自由校風的量子領導場域中，各自闡發對於在建中校園如何教與學的意見，共譜出相互激盪鼓舞的動人成長樂章。

注釋

1 楊照，〈大學應該比社會更加自由開放〉，《CO-CHINA 週刊》，2012 年。https://web.archive.org/web/20121022080749/http://opinion.nfdaily.cn/content/2012-05/18/content_45724609.htm

2 何可，〈憶恩師——王文思〉，《建中校友會刊》35 期（2006），頁 23。

3 石厚高，〈我愛建中〉，《建中校友會訊》第 30 期（2001 年），第一版。

4 北市立建國高級中學，《建中世紀》，頁 39。

5 曾博義，〈我與建中〉，《建中青年》第 2 期（1959 年 1 月），頁 29。

6 何可，〈憶恩師——王文思〉，頁 23。

7 子于，《建中養我三十年》，頁 165。

8 子于，《建中養我三十年》，頁 168-169。

9 陳志昌，《重起爐灶：遷臺初期的《中央日報》（1949-1953）》（新北：致知學術出版社，2016），頁 133-156。

10 吳昆財，《1950 年代的臺灣》（新北市：博揚文化事業有限公司，2006），頁 57、86、106。

11 李濟，〈文化沙漠〉，《自由中國》第 21 卷第 10 期（1959 年 11 月 16 日），頁 14-15。

12 何凡，〈玻璃墊上：開發文化沙漠〉，《聯合報》，6 版，1959 年 12 月 1 日。

13 徐泓，〈臺灣的明史研究六十年〉，《全球化下明史研究之新視野學術研討會》第一冊（臺北市：東吳大學歷史學系，2008），頁 1-2。

14 朱重聖、郭紹儀訪談、張世瑛紀錄，《潘振球先生訪談錄》，頁 164

15 聶鍾杉，〈留級問題的研究〉，《臺灣教育輔導月刊》8：3（1958 年 3 月），頁 11、12、13。當時留級與打罵教育普遍引發教育學界的討論與關心。水心，〈本省國民教育幾個實際問題〉，《臺灣教育輔導月刊》1：9（1951 年 7 月），頁 21；林范劍，〈漫談當前國民教育問題〉，《臺灣教育輔導月刊》1：9（1951 年 7 月），頁 22；鐵鴻業，〈目前中學教育的缺點及其改進意見〉，《臺灣教育輔導月刊》7：10（1957 年 10 月），頁 18。

16 劉真，〈我們已經做了什麼和今後準備怎麼做〉，《臺灣教育輔導月刊》12：3（1962年3月），頁3。

17 劉真，〈本省教育量與質的問題之檢討〉，《臺灣教育輔導月刊》11：1（1962年1月），頁5。

18 孫功凱，〈惡性補習原因的分析及其解決途徑〉，《臺灣教育輔導月刊》9：2（1959年2月），頁9。

19 沁，〈從職校畢業生升學取消限制談起〉，《臺灣教育輔導月刊》9：8（1959年8月），頁2。

20 沁，〈為市辦初中進一言〉，《臺灣教育輔導月刊》11：7（1961年7月），頁2。

21 吳德霖，〈就校長立場談防止惡性補習〉，《臺灣教育輔導月刊》9：2（1959年2月），頁8。

22 程威海，〈目前國民教育的幾個問題及其改進意見〉，《臺灣教育輔導月刊》8：4（1958年4月），頁6。

23 東方白，《真與美（一）》，頁286。

24 東方白，《真與美（二）》（臺北：前衛出版社，2001），頁3。

25 胡國臺訪談、郭瑋瑋紀錄，《劉真先生訪問記錄》，（臺北市：中央研究院近代史研究所，1993年），頁161。

26 賀翊新，〈校慶的話〉，《建中青年》第25期（1962年12月），頁2。

27 賀翊新，〈校慶談校風〉，《建中青年》第39期（1966年12月），頁1-2。

28 子于，《建中養我三十年》，頁44。

29 臺北市立建國高級中學輔導室，《建中學長內信》，頁 34。

30 賀翊新，〈建中青年發刊辭〉，《建中青年》第 1 期（1958 年），頁 1。

31 東方白，《真與美（一）》，頁 289。

32 徐孝游，〈我的美術人生：建中歲月〉，《建中校友會刊》46 期（2017 年），頁 113。

33 北市立建國高級中學，《建中世紀》，頁 39。

34 王懷璿，〈慶祝校慶我們應有的努力〉，《建中青年》第 10 期（1959 年 12 月），頁 16。

35 臺北市立建國高級中學輔導室，《建中學長內信》，頁 29。

36 臺北市立建國高級中學輔導室，《建中學長內信》，頁 44。

37 臺北市立建國高級中學輔導室，《建中學長內信》，頁 55。

38 北市立建國高級中學，《建中世紀》，頁 54。莊德仁，〈賀翊新校長與建國中學（1949-1954，1957-1967）訪談〉，《建中校友會刊》，第 50 期，頁 24。

39 臺北市立建國高級中學輔導室，《建中學長內信》，頁 46。

40 臺北市立建國高級中學輔導室，《建中學長內信》，頁 48-49。

41 林信夫，〈級長一年〉，《建中青年》第 14 期（1960 年 10 月），頁 61。

42 孫慶餘，〈孫慶餘專欄：從李安父親談「校長人格治校」〉，2018 年 7 月 9 日。https://web.archive.org/web/20180709035051/https://www.storm.mg/amparticle/460068

43 臺北市立建國高級中學輔導室，《建中學長內信》，頁 40、48。

44 吳昆財，《1950 年代的臺灣》，（新北市：博揚文化事業有限公司，2006），頁 203。

45 洪朝枝，《臺大與我：1950 年代，我的青春歲月》（臺北市：獨立作家，2016），頁 37。

46 北市立建國高級中學，《建中世紀》，頁 38。

47 莊德仁，〈賀翊新校長與建國中學（1949-1954，1957-1967）訪談〉，頁 33。

48 莊德仁，〈追憶賀翊新校長訪談〉，《建中校友會刊》第 52 期（2023 年），頁 17-18。

49 賀翊新，〈建中青年發刊辭〉，《建中青年》第 1 期（1958 年），頁 1。

50 臺北市立建國高級中學輔導室，《建中學長內信》，頁 35。

51 莊德仁，〈追憶賀翊新校長訪談〉，《建中校友會刊》第 52 期（2023 年），頁 17-18。

52 宜奕，〈談圍棋與簡介建中圍棋社〉，《建中青年》第 36 期（1965 年 12 月），頁 23。

53 子于，《建中養我三十年》，頁 54。

54 子于，《建中養我三十年》，頁 51。

55 子于，《建中養我三十年》，頁 53。

56 莊德仁，〈追憶賀翊新校長訪談〉，《建中校友會刊》第 52 期（2023 年），頁 28。

57 鹿宏勛，〈本校演講教育的成就〉，《建中青年》第 36 期（1965 年 12 月），頁 22。

58 莊德仁，〈賀翊新校長與建國中學（1949-1954，1957-1967）訪談〉，頁 34。

59 陳溶懷，〈關於數學教學幾點淺見〉，《建中青年》第 3 期（1959 年 3 月），頁 12-13。王文思，〈數學的教與學〉，《建中青年》第 13 期（1960 年 6 月），頁 10-11。

60 王蕉心，〈園丁的話〉，《建中青年》第 13 期（1960 年 6 月），頁 3。
61 王蕉心，〈園丁的話〉，頁 3。
62 陳進旺，〈憶吾師讚吾師〉，《建中校友會刊》第 45 期（2016 年），頁 33-37。
63 新雨，〈從你為什麼要考乙組說起〉，《建中青年》第 32 期（1964 年 10 月），頁 33。
64 楊柳枝，〈社會組同學的心聲〉，《建中青年》第 35 期（1965 年 11 月），頁 19。
65 松芬，〈讀乙組的人〉，《建中青年》第 39 期（1966 年 12 月），頁 89。
66 傅禺，〈有出息與沒出息〉，《建中青年》第 33 期（1964 年 12 月），頁 31。
67 王世杰，林美莉編，《王世杰日記》（下冊）（臺北：中央研究院近代史研究所，2012 年），頁 1096（1965 年 10 月 26 日）。
68 〈一切從家庭做起！推行「國民生活須知」專訪之一〉，《聯合報》，3 版，1968 年 5 月 3 日。
69 陳鑫，〈送畢業同學〉，《建中青年》第 13 期（1960 年 6 月），頁 2。
70 本社，〈歡送畢業同學〉，《建中青年》第 19 期（1961 年 6 月），頁 1。
71 賀翊新，〈送畢業同學〉，《建中青年》第 19 期（1961 年 6 月），頁 2。
72 本社，〈教師節敘感〉，《建中青年》第 20 期（1961 年 10 月），頁 1。
73 昳清，〈考試升學學問〉，《建中青年》第 21 期（1961 年 12 月），頁 46。
74 本社，〈迎接校慶的話〉，《建中青年》第 29 期（1963 年 12 月），頁 2。
75 賀翊新，〈校慶感言〉，《建中青年》第 29 期（1963 年 12 月），頁 1。

76 簡孝質，〈紅樓憶往九千天〉，《建中校友會刊》第 49 期（2020 年），頁 72。
77 長駱，〈師生之間〉，《建中青年》第 13 期（1960 年 6 月），頁 62。
78 文瑞，〈建青與我〉，《建中青年》第 33 期（1964 年 12 月），頁 44-45。
79 莊德仁，〈賀翊新校長與建國中學（1949-1954，1957-1967）訪談〉，頁 31。
80 黃建良，〈從馬扁說起——憶 45 年前的建中點滴〉，《建中校友會刊》第 45 期（2016 年），頁 14-16。
81 徐孝游，（我的美術人生：建中歲月〉，《建中校友會刊》第 46 期（2017 年），頁 110-112。
82 孫玉麟，〈憶古盼今——談自由校風〉，《建中校友會訊》第 30 期（2001 年），第五版。
83 莊德仁，〈賀翊新校長與建國中學（1949-1954，1957-1967）訪談〉，頁 33-34。
84 張瑞恭，〈夢迴紅樓——建檄故事之多少〉，《建中校友會刊》第 40 期（2015 年），頁 22。
85 吳輝雄，〈懷念人生中的導師 - 張世傑師〉，《建中校友會刊》第 37 期（2008 年），頁 29-30。
86 北市立建國高級中學，《建中世紀》，頁 228。
87 馬英九，〈狷狂少年時 - 我的擊壤歌〉，《建中校友會刊》第 36 期（2007 年），頁 7-8。
88 北市立建國高級中學，《建中世紀》，頁 258。
89 莊德仁，〈賀翊新校長與建國中學（1949-1954，1957-1967）訪談〉，頁 27。
90 Biesta, Priestley, & Robinson (2015) *Teacher agency: An ecological approach.* London, UK: Bloomsbury., p.28-29.

91 Biesta, Priestley, & Robinson (2015), p.86.

92 Biesta, Priestley, & Robinson (2015), p.54.

93 Biesta, Priestley, & Robinson (2015), p.44.

94 顧仲雍，〈我在建中的一段荒謬歲月〉，《建中校友會刊》第 36 期（2007 年），頁 40-41。

95 賀翊新，〈建中青年發刊辭〉，《建中青年》第 1 期（1958 年），頁 1。

96 賀翊新，〈書贈畢業同學〉，《建中青年》第 13 期（1960 年 6 月），頁 1。

97 賀翊新，〈校慶感言〉，《建中青年》第 16 期（1960 年 12 月），頁 1。

98 賀翊新，〈發揚建中精神〉，《建中青年》第 25 期（1962 年 12 月），頁 1。

99 楊少麟，〈建中的鱗爪〉，《建中青年》第 37 期（1966 年 6 月），頁 21。

100 園丁老王，〈本校簡介〉，《建中青年》第 3 期（1959 年 3 月），頁 45。

101 編輯，〈建青之聲〉，《建中青年》第 32 期（1964 年 10 月），頁 73。

102 林芳郁，〈記紅樓二三事〉，《建中校友會刊》第 57 期（2005 年），頁 36-37。

103 莊德仁，〈追憶賀翊新校長訪談〉，《建中校友會刊》第 52 期（2023 年），頁 16。

104 綠行者，〈植物園對面的人〉，《建中青年》第 39 期（1966 年 12 月），頁 80-81。

105 莊德仁，〈賀翊新校長與建國中學（1949-1954，1957-1967）訪談〉，頁 33。

106 黃沙，〈我與建中〉，《建中青年》第 39 期（1966 年 12 月），頁 85-86。

107 張其真，〈我與建中〉，《建中青年》第 5、6 期合刊（1959 年 6 月），頁 58。

108 凱旋，〈過去 現在 未來〉，《建中青年》第13期（1960年6月），頁14。

109 文星，〈轉組前後〉，《建中青年》第39期（1966年12月），頁35-37。

110 翠微，〈作弊〉，《建中青年》第14期（1960年10月），頁66-67。古亞榮，〈改過〉，《建中青年》第7、8期合刊（1959年10月），頁56-57；幽雲，〈舞弊〉，《建中青年》第12期（1960年5月），頁34-35。

111 本社，〈做一個誠誠實實的學生〉，《建中青年》第18期（1961年5月），頁1。

112 吳怡泰，〈與同學共勉〉，《建中青年》，1960年12月，頁9-10。

113 李品昂，〈追求卓越莫罷休〉，《建中校友會訊》第10期（1986年），第一版。

114 王樹楷，〈校慶獻辭〉，《建中青年》第19期（1960年12月），頁2。

115 本社，〈歡送畢業同學〉，《建中青年》第19期（1961年6月），頁1。

116 陳定信，〈畢業五十週年感言〉，《建中校友會刊》第40期（2011年），頁17。

117 莊德仁，〈賀翊新校長與建國中學（1949-1954，1957-1967）訪談〉，頁31-32。

118 曾多聞，《白雲度山：醫者林元清》（臺北市：經典雜誌，2018年），頁61-74。

119 莊德仁，〈追憶賀翊新校長訪談〉，《建中校友會刊》第52期（2023年），頁20。

120 莊德仁，〈賀翊新校長與建國中學（1949-1954，1957-1967）訪談〉，頁28-29。

121 臺北市立建國高級中學輔導室，《建中學長內信》，頁53。

122 宋晏仁，〈自由學風與建中應有的志氣〉，《建中校友會刊》第36期（2007年），頁51-52。

123 賀翊新，〈送畢業同學〉，《建中青年》第 23 期（1962 年 6 月），頁 1。
124 賀翊新，〈校慶特刊題詞〉，《建中青年》第 10 期（1959 年 12 月），頁 1。
125 志清，〈年輕的鄭洪博士〉，《建中青年》第 22 期（1962 年 5 月），頁 58。
126 賀翊新，〈送畢業同學〉，《建中青年》第 19 期（1961 年 6 月），頁 2-3。
127 賀翊新，〈贈畢業同學〉，《建中青年》第 27 期（1963 年 6 月），頁 1。
128 北市立建國高級中學，《建中世紀》，頁 230。
129 吳耀玉，〈建中一瞥〉，《建中青年》第 1 期（1958 年），頁 11。
130 晨瞰，〈我活著為什麼？〉，《建中青年》第 17 期（1961 年 3 月），頁 48。
131 人岳，〈人生到底是什麼？〉，《建中青年》第 20 期（1961 年 10 月），頁 35。
132 莊德仁，〈賀翊新校長與建國中學（1949-1954，1957-1967）訪談〉，頁 28。
133 顧仲雍，〈我在建中的一段荒謬歲月〉，《建中校友會刊》第 36 期（2007 年），頁 40。
134 左德成，〈那一年的校慶〉，《建中校友會訊》第 15 期（1989 年 11 月），頁 58。
135 錢新祖，〈「自由的真諦」讀後感〉，《建中青年》第 39 期（1966 年 12 月），頁 98-101。
136 陳漢平，〈蓬萊仙島桃花源〉，《建中校友會刊》第 50 期（2021 年），頁 129。
137 陳漢平，〈建中紅樓夢〉，《建中校友會刊》第 40 期（2011 年），頁 20-21。
138 Fris, J. Lazaridou, A. (2006), 'An additional way of thinking about organization life and leadership: The Quantum perspective.' *Canadian Journal of Educational Administration and Policy*, (48), pp.55-69.

結論

本書主要以日治時期以來臺灣中學教育為討論範疇，將「第一志願」作為核心概念，依序探究以下問題：為什麼那麼想要就讀「第一志願」？「第一志願」如何能失而復得？什麼是「第一志願」的真價值？又該如何創造「第一志願」的永續意義？

關於為什麼那麼想要就讀「第一志願」？這須追溯臺灣民眾的殖民經驗。

學校歷史是在歷史延續與變革的雙重節奏下發展，探討臺北市立建國中學的校史需追溯自日治時期。從原本負責教育在臺日本小學生的國語學校第四附屬學校，隨著在臺日籍學生人數的增多與年紀的增長，轉變為臺灣總督府國語學校中學部，校名再改為臺灣總督府中學校，最後為臺北州立第一中學校。校名從第四改為第一，背後有著總督府教育差別待遇的考量設計，這讓承受壓迫的臺灣民眾懷抱著渴望進入一中的夢想。當二戰結束，國民政府來臺治理，臺人希望能夠改變以往日治時期的差別待遇，成為一中學生的願望終於得以實現。爭奪一中校名成為戰後初期教育史與社會史上遍布全臺各地的衝突焦點，但以臺北市最為激烈。最後長官公署在臺籍有力人士的活動遊說與努力平息爭端的作為下，日治時期的臺北一中最終定名為「建國中學」。

嚴格地說，戰後「建國中學」校名出現之際即是「一中」光環黯淡之時，那「第一志願」如何能失而復得？此歷程卻發生在當代臺灣政權更迭與人群流離時期。近代學校教育的發明，是國家力量藉由教育活動管控人民的治理工具，落實國語教育往往是學校理應擔負的功能之一。戰後初期的臺灣教育，因政權轉換而導致國語教學的語文更替，造成了教與學的困難。在國共內戰的兵馬倥傯與政府遷臺人口流離的歷史機運影響下，已經熟悉以日語為學習工具的臺籍學生，在政府強力推動中國化政策下，普遍產生轉換語言與教材學習的調適困難。校園中頻繁的留級與退學處置，成為臺籍學生的日常夢魘。而這些因留級與退學所產生的空缺，成為政府安撫諸多流亡學生的手段，被順勢填補的外省籍學生卻也因此得到了學習機會。對於臺籍學生而言，失語般的升學壓力與斷裂的友朋關係，再加上戰後初期的二二八與四六事件，在在加深了他們心中的省籍情結。另一方面，這些因戰亂逃難而遷居臺灣異地學習的外省流亡學生，因在校園內曾被人數較多的臺籍學生霸凌的慘痛教訓，讓他們自發形成太保組織以求自保，結黨連群蔚為風潮，甚至跨越了省籍藩籬成為校園普遍現象。政府為迅速解決大時代戰亂下的流離所祭出的安置手段，竟讓本省籍與外省籍學生在求學生涯中都各自承受了難以抹滅的創傷，同時也反映當時臺灣社會與教育體系的失序樣貌。

戰後臺北市省中入學考試採各自招生制度，導致所謂「第一志願」往往出自家長與學生的自由心證。賀翊新校長於一九四九年初掌建中，在想做一番大事業的強烈企圖下，面對資源短缺的辦學困境，他努力透過豐厚的人際資源網羅諸多一流師資，運用服務領導滿足師生教學與生活需求，採取廣收嚴刷的策略減緩太保學生的影響，並迅速穩定校園秩序。藉由每日早晚巡堂，以靈活行政手腕落實真誠的服務領導，成為師生得以安適教學的穩定力量。在支持政府廣納流亡學生的政策下，此時建中的學生人數持續增加，高達三、四千人之多。政府因財政經費短缺無法廣設學校以滿足升學需求，莘莘學子與家長因而承受激烈的升學壓力，加上當時大學僅有臺灣大學一所，進入臺大成為社會普遍的升學願望。政府為緩解沉重的升學壓力，不斷宣導希望以職技勞動教育來改變臺灣民眾普遍懷抱就讀大學的牢固心態，甚至建中還曾一度被選中為推廣「一人一技」的試辦重點學校。沒想到，中學聯招的新政策、臺大公布榜首姓名和就讀中學名稱、免試保送臺大的人數，在大學「第一志願」的欽點庇蔭下，建中亮眼的成績透過報刊廣播媒體的宣傳，意外地成為社會大眾爭先恐後選擇的中學「第一志願」。

「第一志願」這個頭銜的取得，放入臺灣近現代教育史的脈絡，明顯呈現權力者操弄族群差別待遇的痕跡，殖民者子弟就讀「第一志願」成為當然且必要的光榮，尤其當收納被殖民者子弟的「第二志願」出現後更是擦亮「第一志願」的招牌，恰是因為有「第二志願」方可凸顯「第一志願」的榮耀與珍貴。戰後臺灣雖脫離殖民統治，被殖民者想要當家作主，更讓「第一志願」的爭奪浮上檯面，臺北市作為首善之區，民意企盼能扭轉宣洩以往殖民統治壓抑下的委屈，統治者在與社會賢達對話後，為滿足多方勢力竟出現了「第一志願」懸缺的全島特例，卻在既偶然又必然的機遇下，讓高教「第一志願」巧妙地決定社會大眾心目中的中學「第一志願」，這是在升學主義脈絡與聯招制度架構下，另一種學術權力與社會輿論的選擇決定，即使「第一志願」已然脫穎而出，但關於誰是「第一志願」？學校依舊無法作主，一直都是被決定者。

當建中成為「第一志願」後，賀校長隨即因籌辦政治大學等業務而離開建中，接續的凌校長似乎無法延續過往的光榮。一九五七年再度回任且年歲已高的賀校長，在校務怠惰的光景下，又因缺乏第一任改革的氣勢與得力的行政助手而陷入擺布不開的困境。當時政治處於威權封閉統治氛圍，社會欠缺新知刺激宛如文化沙漠，民眾又普遍崇尚升學考試和打罵教育，作為「第一志願」的建中如何再創與重寫「第一志願」的光榮，成為賀校長第二任期的嚴峻挑戰。而這也是學校第一次自己可以決定什麼是「第一志願」的真價值，又該如何創造「第一志願」的永續意義之重要關鍵時刻。

此時的建中學生人數已高達六、七千之眾，宛如大學一般。賀校長從學理上以及觀察中學生的生理與心理發展後，主張初中與高中學生的教學與管理應有限縮與開放的差異。當學校周邊違章建築陸續滌清，南海學園儼然出現，他毅然提出開放校園與校刊復刊等新政策，在自由校風的鼓勵下，激發校園中教師與學生的能動性。開放校園讓學生得以充分運用校內外廣博的學習資源，並透過多元的課外活動學習和友校的優秀學生交流切磋，不僅滿足高中生對於知識追求與交友的渴望，並豐富充實了年輕學子的青春歲月記憶。

建中校園的自由開放風氣引領並吸引著全國中學生的目光，自由校風賦權學生主導規劃校刊上多元豐富的內容，讓校刊不僅可表露學子的心聲、展現優秀學生的才華、磨練學生辦事與人際處理能力，更得以抒發當代青年學子承受升學主義的苦悶壓力與威權統治管控氛圍下的感觸，透過文字表露對於宇宙、國家、社會與自我人生問題的疑惑與好奇，並真實且真誠地感動了校園內外無數的學習者，讓「第一志願」的影響力終能跨出校園，引導與滿足著全島中學生的好奇心靈。

而校園裡諸多特立獨行的性格教師打開了長期困阨於升學考試的學生心房，師生在校刊上的文字交流，為這所理工科導向的學校增添了探索人文社會興趣的窗口。儘管自由校風讓不少學子迷失在放縱無序的困境裡，且升學主義的功利取向也持續影響學生學習的選擇，但賀校長與教師們透過校刊強調建中精神中「自律」的重要。自由校風鼓勵學生勇於提問學習，自律精神要求學生堅忍奮鬥並發揮潛力。更以「建國」為責任，期許學生持續奮發精進。這些教誨讓建中學子得以學習靈活運用自由與自律的雙足，在校園中持續穩健地前進。

賀校長回任建中時的大環境並不被看好，但他仍藉由理念宣導與落實改革推動了建中的改進。在強調威權管控的時代，賀校長相信且尊重同學的教育理念並不多見，卻也因此召喚了有志教師與學生的投入響應。這種強調不確定性、互動性、整體性和開放性的量子領導風格，不僅提升校園師生創新與創造力，也重塑「第一志願」自發學習的理想。不少畢業校友感念在校期間師長的栽培，致力落實師長當初肩負「建國」責任的期許，建中學子在自由與自律校風薰陶下，畢業後於各行各業多有卓越的事功與成就，更讓建中持續成為社會肯定的「第一志願」，進而讓學校引導與改動教育政策與社會風氣成為可能，彰顯著「第一志願」的永續價值。

後記

賀翊新擔任建中校長（1949-1954，1957-1967）迄今已近一甲子。探究過往校史，除提出好問題外，尚需豐富史料佐證，因相關行政人員與教師的人生閱歷較學生豐富，並實質參與校務運作，較可同情理解校長的用心與規劃。唯此類人士多早已隨賀校長仙逝，故只能以訪談校友開發新史料，希望能作為研究史料文本的擴充。

透過建中校友會的協助，雖已掌握部分校友的連絡資訊。然而，這些校友現已多是七十至八十多歲的高齡耄耋，追憶一甲子以前的往事往往備感困難。再加上要從學生的眼光來分析當時校長對校務的推動，更成為深度訪談的研究瓶頸。許多校友多以「認識不多」拒絕接受個別訪談，對於賀校長在建中的作為，常僅能提出「話不多」、「很關心學生」此類片段與簡短的印象。故如何尋找有意願且能深入闡述賀翊新校長當時事蹟的訪談對象，實是研究

表 4：本書十位受訪者及受訪時間

受訪者	就讀建中時間	接受訪談時間
錢　復	1949 年 2 月 － 1952 年 7 月	2021 年 7 月 1 日
朱再發	1950 年 8 月 － 1956 年 7 月	2021 年 8 月 22 日
王正方	1950 年 8 月 － 1956 年 7 月	2021 年 5 月 19 日
白先勇	1952 年 8 月 － 1956 年 7 月	2021 年 6 月 7 日
陳　卓	1952 年 8 月 － 1958 年 7 月	2021 年 5 月 20 日
鄧安邦	1954 年 8 月 － 1960 年 7 月	2021 年 1 月 28 日
曾昭旭	1955 年 8 月 － 1961 年 7 月	2021 年 6 月 16 日
杜湯銘	1958 年 8 月 － 1964 年 7 月	2021 年 7 月 11 日
焦仁和	1963 年 8 月 － 1966 年 7 月	2021 年 7 月 3 日
馬英九	1965 年 8 月 － 1968 年 7 月	2021 年 7 月 21 日

最大的挑戰。

熱心校友希望能透過廣邀校友舉辦座談會的方式，透過共同追憶的活動喚醒沉睡的記憶，好捕捉拼接賀校長時期更完整的校園紀錄。然而隨著國內新冠肺炎疫情轉趨嚴重，升級至三級警戒，座談會時間一延再延。只能透過私下電郵尋訪能提供深度訪談的校友們，並採取個別電話訪談的方式，記錄下這些珍貴記憶。最後透過電郵讓訪談者確定訪談紀錄內容無誤後，再請簽署同意書，同意記名發表以作研究分析之用。一開始願意接受深度訪談的紀錄共有十份，這些熱心校友各自在不同領域有著出類拔萃的成就，不少曾位居政府要職，其中有一位因為身分特殊，不方便接受電話訪談，僅以文字方式回覆提問。

為紀念這段美好的開始，茲將十位受訪者就讀建中期間與接受訪談的時間條列如附表。

雖然主要透過電話訪談，但迄今對於受訪者的印象還是很鮮明。錢復先生真的是位謙謙君子，即使透過訪談也讓人有如沐春風之感。印象最深刻是他描述兩則發生在高三期間的故事，也是這兩則故事鼓勵我應該把賀校長的事蹟勇敢地記錄下來，因為這段訪談，事後並沒有刊登在校友會刊上，藉本書出版之際予以發表：

高三的時候，學生大概可分為兩組，A組就是我們俗稱的文法組，當時建中只有一個班，B組是理工組有七個班，當時候我的志向就是要當外交官，臺大政治系是我心目中的理想志願，所以我就選讀文組。賀校長知道以後就找我去談，他說你的成績很好，尤其是數學很強，加上家父（臺大錢思亮校長）也是主修化學，應該讀理組。我向校長報告，因我在高二結束時早已決定以外交為工作目標，所以選讀文組。校長很慈祥的對我說：你的志向我很了解，但是你要知道文組課程和管理都比較鬆，而理組則比較認真，教師的師資也比較整齊優良，希望我能再考慮。聽了校長直率誠懇的勸勉，我當下覺得校長把我當成他兒子一樣的疼愛，我遂遵照校長的指示進了理組。

在高三上學期時，英文課由錢老師擔任，可能是由於她健康有問題，學期過了四分之三，授課不到四分之一，英文課文只上了四到五課，進度實在太慢了。同學們認為如此下去對我們考大學會不利，所以推我向老師表達希望能加速進行。也許我的表達能力差，引起老師的不快，她拿了課本就去教務處佟主任處指控我對她不敬，要嚴加處罰。佟主任向校長反映，校長召我去辦公室，對我說：問了不少同學，大家都說因為你的英文成績最好，所以要你向老師提出建議，但是老師身體不好，認為你是針對她，她也已經辭職，我會找一位好老師幫你們補回所有落後的課程。不過老師堅持要對你作嚴厲處分，學校必須處理。我們將記你大過一次；校方也知道你負責編輯學校有史以來第一份英文刊物《Union》，還有中文雜誌《這一代》非常辛苦，所以要給你記一個大功。記過處分會在布告欄張貼一天，學期終了由於功過互抵，所以你的成績單上不會有記過的紀錄，問我有無意見？我說自己在向老師報告時可能語氣有些激動，使老師生氣，實在應受處分，校長的處理我十分感激，這次教訓會銘記在心。剛好這個週六要開家長會，先父擔任家長會會長，他來學校那很容易就會看到我被記大過的紀錄，但是很奇妙的是，這一次的記過沒有公布，所以父親也不知道這件事。由此可以看出賀校長做事的細膩與貼心，他總是把事情做得非常的圓滿。

朱再發校友畢業後回母校擔任教職，也是當今賴清德總統的高三導師。朱老師不僅是數學名師，訪談時其博學強記、往事如數家珍、如水銀瀉地般娓娓道來，尤其是建中如何成為第一志願那段往事，栩栩如生的敘述讓聽者身歷其境、如在目前。他在訪談後簽署同意書時，交代我若有機會出版，一定要提到這是他唯一承認的口述紀錄。豪邁帥氣的王正方先生，即便是透過電訪，依舊不減其氣勢，他一直筆耕不輟，不僅將過往回憶出版成書，也很支持藉由訪談讓更多人知道這段早被遺忘的歷史。白先勇先生總是用溫暖的語調與感激的口吻描述著陪伴他中學時期成長的師長。即使是在身體不適與行動不便的狀態下，陳卓先生仍舊很希望能當面訪談，他說了一則故事讓我印象很深刻，記得他說故事時異常的興奮，說完在電話一旁笑了很久，又沉默一陣子：

有一次我曾經翻牆，然後跳到校園裡，沒想到當我爬過圍牆之後，看到賀校長就在巡視校園，我就非常的不好意思，又緊張的立正說聲校長好，就一溜煙的跑了，校長也沒有說些什麼，這是我最難得的、最難忘的經驗，之後我也很少再翻牆了。

訪談鄧安邦先生時，他聊到師長時畢恭畢敬的語氣，敘說著老師在上課時曾講過的黃色笑話，一則又一則地愉悅地溫存回憶著，感覺彷彿又回到中學時期一樣。曾昭旭先生曾擔任

《建中青年》的主編，他提醒我要嚴肅地看待自由校風如何引導一位青年人得以找到自己，這件事如何重大影響了青年的一輩子人生。杜湯銘先生訪談時談到他在中學期間的確花費許多時間翹課去中山堂聽熱門音樂演唱會，也曾多次在週六下午的實驗課，溜出去逛西門町或看電影，雖然大學聯招成績不好，但這段自由的歲月卻教會他以後在職場上如何兢兢業業並能勇敢地拒絕誘惑。

採訪到焦仁和先生真的是段奇妙的機緣，我在邀約訪談校友時往往如同深陷五里霧中，不知下一位訪談對象在哪裡。錢復校友主動建議我，可以先連絡焦仁和先生的公子焦元溥先生，我隨即按照錢先生的指示，很快地連絡上熱情的焦仁和先生。焦先生除接受訪談外還提供了幾張照片，照片記錄他因參加演講比賽屢獲佳績，獲頒建中榮譽獎章的殊榮。這獎章多頒贈給聯考成績優異的高三畢業生，但他創下了高二即獲獎的首例。照片裡有一張是賀校長在他畢業前夕給他的題字，寫著出自《莊子．逍遙遊》的「用志不紛、乃凝於神」，指修行有道之人的心靈平和狀態。我直覺地發問：「這是否是賀校長知道您將要參加聯考對您的勉勵？」他非常謹慎地說：「我不是校長，不敢隨便揣測！」但我在他的回應中感受到濃郁的溫情與敬意，一份不知道為什麼書寫的校長手書題字，他竟然保留數十年之久。三個多

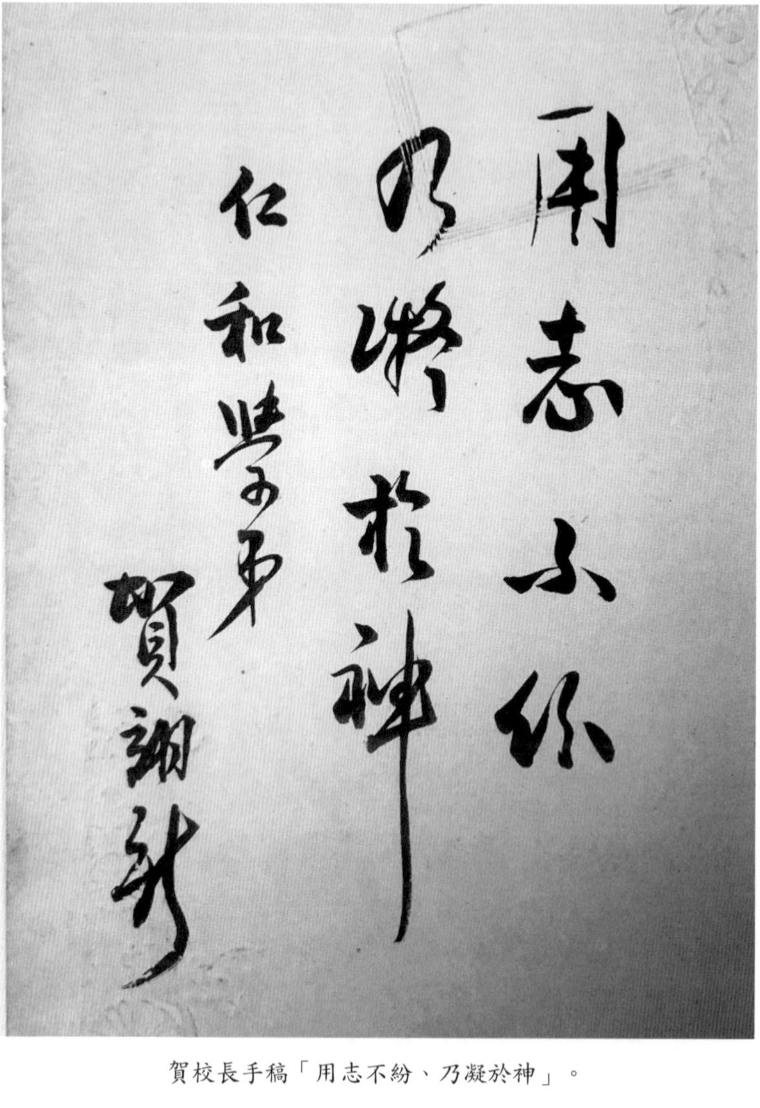

賀校長手稿「用志不紛、乃凝於神」。

月後，沒想到焦先生寄給我楊渡先生的大作《有溫度的臺灣史》下冊中的〈1949 渡海傳燈人〉一文，文章記錄的是戰後來臺的李昇、李仲生等教育家，但其中並沒有賀翊新校長。焦先生應該是想提醒我賀校長也是一位渡海傳燈人，一位需要我們懷念、記憶的偉大教育家。

在張德銳教授的多次督促下，還有熱情夥伴提供馬英九辦公室電話後，我花費不少時間才得以聯絡上前總統馬英九先生。馬前總統有幾段回憶與建議是其他校友並未提到的，頗值得有心讀者加以思考與實踐：

賀校長是我接觸的第一位建中師長，我對他的第一印象，是新生訓練時的講話，除了講求學、做人、運動的道理外，還規定我們穿的長褲（高中生制服沒有短褲），左邊口袋放手帕，右邊放錢。我直到念大學甚至留學美國，都照辦無誤。

我認為，要紀念像賀校長這樣在建中耕耘十四年的資深教育家，最好的方式，除了出版文集，不妨考慮號召建中校友，連署建議臺北市政府將他入祀臺北市孔廟。二〇〇六年我擔任市長時，已有晚清大儒陳維英入祀孔廟的先例。

臺大校長傅斯年（曾代理北大校長並擔任臺大校長二年）、建中校長賀翊新（擔任校長十四年）、北一女校長江學珠（擔任校長二十二年）、高雄中學校長王家驥（擔任校長二十四年），都是很理想的入祀人選。這樣一方面表彰他們對教育的長期貢獻，一方面也活化孔廟的文化角色，對於弘揚儒學於世界，意義重大。如果建中校友願意連署推薦賀校長入祀孔廟，我建議不妨聯繫北一女校友會，同時推薦江學珠校長入祀。

因為有這幾位校友的訪談支持，我遂毛遂自薦接觸建中校友會，二〇二二年八月十日終於舉辦一場紀念賀翊新校長的校友座談會。校友會理事長吳坤光先生與徐建國校長連袂出席，更邀請多位相關校友一起回顧那段美好且光榮的歲月。座談會當天疫情方告趨緩，會前更是突下暴雨，然而多位校友仍願意出席，戴著口罩共同追述過去一甲子前的吉光片羽，可見賀校長對建中的貢獻與對校友的深刻啟發，其影響力早已突破時空的侷限，這也讓我更加深信研究賀校長的作為對於本校師生都是一件正確且值得去做的大事。校友會吳理事長願意為本書提供校友會刊與畢業紀念冊上的照片，讓這段記憶更為鮮明與生動，在此感謝建中校友會無私的支持。

現在回憶起來，自己之所以能夠認識這位重要的校長並訪談那麼多校友，都要感謝臺北市教育局研究教師計畫的支持。此計畫是由張德銳教授所提出，丁一顧教授繼續並逐漸開花結果。研究教師的任務是透過研究學校的教務、訓導或課程等校務發展工作，幫助教師成長以推動學校持續改進。然而，每次的研究對於學校同事都是一次擾動，需要他們在每日繁忙工作外的課餘時間予以協助。張德銳教授鼓勵我從建中校史出發，意外發現在校友會出版品中，校友回憶裡常提到賀翊新校長，遂開啟了這趟探索旅程。儘管研究期間常常遇到瓶頸，但蔡進雄教授總是不厭其煩地開導，同組夥伴也樂意給予建議，雖然如期完成作品，但我還是對於內容並不滿意，總覺得少了些什麼。感謝單文經與陳佩英教授願意給予指點，陳佩英教授也勉勵我快點把作品完成發表。二〇二二年北市成功高中歡慶百年校慶，其出版的校史研究提供了許多資料，解答我先前研究時的疑問。很幸運遇到貓頭鷹出版社的副總編張瑞芳小姐，她憑藉多年出版文史書籍的敏銳嗅覺，對於這段建中校史非常有興趣，編輯群也對於初稿提供非常多寶貴的建議，才有本書的出版。

回想自己剛入建中執教，蔡炳坤校長提醒我在專心教學與研究之餘，應多關心學生，多利用擔任導師身分和學生相處。陳偉泓校長則帶領我學習翻轉教學，並鼓勵我多次舉辦教學觀摩，讓更多家長與教師可以親眼看到聰明的建中學生在活潑式探究教學中的專注、好奇與樂在學習；偉泓校長還留下不少教育金句，至今仍在校園裡傳頌著。他曾將自由與自律比喻成牛奶和杯子兩者的關係，當自由與自律相互正向合作時，如同在杯子中的牛奶可以安穩地讓人飲用，即使安放於桌上，也不會令人擔心。但若自由與自律相互衝突時，牛奶不受杯子所規範，將會溢出杯子或潑灑在地上與桌上，讓周遭的環境急需清理。徐建國校長非常關心校友會的發展與校史研究，感謝他支持我以研究校史作為申請研究教師的計畫項目，又與校友會合作舉辦校友追憶賀校長座談會，對於本研究提供具體且直接的支持與幫助。莊智淵校長讓所有高一學生都能夠接觸並認識建中校史，邀請國際重量級學者與建中生對談，打開學生視野走向國際的窗口，相信這將是個好的開始，以後還有更長的路值得繼續走下去。在完成這本書的同時，再次感謝我所接觸的建中校長們，也真摯感謝校友會與諸多校友無私的協助，更期待這段歷史能對臺灣教育在引領莘莘學子面對未來諸多不確定的挑戰時，能適時提供參考，也盼望各位讀者給予指教。

索引

人物

二至五畫

六至八畫

九至十一畫

十二畫以上

其他

建中為何是第一志願？賀翊新校長與建國中學的故事

作　　者　莊德仁
選書責編　張瑞芳
協力編輯　曾時君
校　　對　童霈文
版面構成　張靜怡
封面設計　徐睿紳
行銷專員　簡若晴
版權專員　陳柏全
數位發展副總編輯　李季鴻
行銷總監兼副總編輯　張瑞芳
總 編 輯　謝宜英
出 版 者　貓頭鷹出版 OWL PUBLISHING HOUSE

事業群總經理　謝至平
發 行 人　何飛鵬
發　　行　英屬蓋曼群島商家庭傳媒股份有限公司城邦分公司
115 台北市南港區昆陽街 16 號 8 樓
劃撥帳號：19863813；戶名：書虫股份有限公司
城邦讀書花園：www.cite.com.tw ／購書服務信箱：service@readingclub.com.tw
購書服務專線：02-25007718~9 ／ 24 小時傳真專線：02-25001990~1
香港發行所　城邦（香港）出版集團有限公司／電話：852-25086231 ／ hkcite@biznetvigator.com
馬新發行所　城邦（馬新）出版集團／電話：603-9056-3833 ／傳真：603-9057-6622
印 製 廠　中原造像股份有限公司
初　　版　2025 年 6 月
定　　價　新台幣 480 元／港幣 160 元（紙本書）
新台幣 336 元（電子書）
總 字 數　10 萬字
I S B N　978-986-262-759-4（紙本平裝）／ 978-986-262-755-6（電子書 EPUB）

讀者意見信箱　owl@cph.com.tw
投稿信箱　owl.book@gmail.com
貓頭鷹臉書　facebook.com/owlpublishing

【大量採購，請洽專線】(02) 2500-1919

國家圖書館出版品預行編目資料

建中為何是第一志願？賀翊新校長與建國中學的故事／莊德仁著 . -- 初版 . -- 臺北市：貓頭鷹出版：英屬蓋曼群島商家庭傳媒股份有限公司城邦分公司發行 , 2025.06
面；　公分 .
ISBN 978-986-262-759-4（平裝）

1. CST：臺北市立建國高級中學　2. CST：歷史

524.8232/101　　114004650

本書採用品質穩定的紙張與無毒環保油墨印刷，以利讀者閱讀與典藏。